Diogenes Taschenbuch 24625

W0178861

Hinausspaziert

Unterwegs mit Virginia Woolf, Urs Widmer,
Benedict Wells u. v. a.

Ausgewählt von
Meredith Barth

Diogenes

Mitarbeit: Shelagh Armit
Covermotiv: Gemälde von August Macke,
›Gartenweg‹, 1912, Öl auf Leinwand, 81 × 59 cm
Foto © akg-images

Originalausgabe
Alle Rechte an dieser Ausgabe vorbehalten
Copyright © 2022
Diogenes Verlag AG Zürich
www.diogenes.ch
60/22/36/1
ISBN 978 3 257 24625 4

Inhalt

Vermessung einer Landzunge

Womit fängt es an? Muskeln angespannt. Ein Bein eine Säule, den Körper aufrecht haltend zwischen Erde und Himmel. Das andere ein Pendel, von hinten vorschwingend. Die Ferse setzt auf. Das ganze Gewicht des Körpers rollt vorwärts auf die Fußballen. Der große Zeh stößt ab, und wieder verschiebt sich das fein ausbalancierte Gewicht des Körpers. Die Beine vertauschen ihre Position. Es fängt mit einem Schritt an, und dann ein weiterer Schritt und noch einer, die sich aufsummieren wie Trommelschläge zu einem Rhythmus, dem Rhythmus des Gehens. Es ist die offensichtlichste und undurchsichtigste Sache der Welt, dieses Gehen, das so leichtfüßig in Religion, Philosophie, Landschaft, Stadtpolitik, Anatomie, Allegorie und Herzschmerz eingeht.

Die Geschichte des Gehens ist eine ungeschriebene, verborgene Geschichte, deren Fragmente sich über Tausende beiläufige Passagen in Büchern und Liedern, Straßen und über nahezu aller Menschen Abenteuer verteilen. Die Körpergeschichte des Gehens ist die der Entwicklung des aufrechten Gangs und der Anatomie des Menschen. Meist dient Gehen rein praktischen Zwecken, als unbeachtetes Mittel der Fortbewegung von einem Ort zum anderen. Macht man es hingegen zu einer Untersuchung, einem Ritual, einer Meditation, dann handelt es sich um Sonderformen, die sich physiologisch wie philosophisch von der Weise des Gehens unterscheiden, in der der Postbote Post bringt und der Büroangestellte den Zug erreicht. Das heißt, das Thema Gehen dreht sich in gewisser Weise darum, wie wir allgemeine Handlungen mit spezifischen Bedeutungen ausgestalten. Wie Essen und Atmen auch, kann Gehen mit extrem verschiedenen kulturellen Bedeutungen aufgeladen werden, die sich vom Erotischen bis zum Spirituellen, vom Revolutionären bis zum Künstlerischen erstrecken. Und damit fügt sich diese Geschichte ein in die Geschichte der Ideen und der Kultur, in die Geschichte dessen, auf welche Art von Vergnügungen, von Freiheit und von Sinn es verschiedene Arten des Gehens und verschiedene Fußgänger zu verschiedenen Zeiten abgesehen hatten und haben. Diese Ideen haben die Räume, durch die sie sich auf zwei Füßen bewegen, geprägt und sind durch sie geprägt worden. Gehen hat Wege, Straßen, Handelsrouten geschaffen; ein lokales wie ein transkontinentales Raumgefühl generiert; Städte und Parks geformt; Karten, Reiseführer, Ausrüstung und darüber hinaus auch eine riesige Bibliothek an Wandergeschichten und -gedichten von Pilgerfahrten, Bergexpeditionen, Streifzügen und Sommerpicknicks hervorgebracht. Im Schoße der Natur- und Stadtlandschaften gedeihen Geschichten, und die Geschichten tragen uns an die Orte dieser Geschichte zurück.

Nimmt es nicht tatsächlich wunder zu sehen, daß der Mensch nun schon so lange geht und sich noch niemand gefragt haben sollte, warum er geht, wie er geht, ob er geht, ob er nicht besser gehen könnte, was er

Die Geschichte des Gehens ist eine Laiengeschichte, so wie Gehen eine Laienhandlung ist. Um eine Wandermetapher zu gebrauchen: Diese Geschichte durchschreitet alle anderen Felder – Anatomie, Anthropologie, Architektur, Gartenkunst, Geografie, politische und Kulturgeschichte, Literatur, Sexualität, Religionswissenschaft – und macht entlang ihrer langen Route auf keinem davon Halt. Denn wenn man sich ein Fachgebiet als ein wirkliches Feld vorstellt – ein schönes quadratisch abgegrenztes und sorgfältig bestelltes Areal mit spezifischer Bepflanzung –, dann ähnelt das Thema Gehen in seiner fehlenden Eingrenzung gerade dem Gehen selbst. Und wenngleich *die* Geschichte des Gehens als Teil aller dieser Felder und der Erfahrung aller Menschen praktisch unbegrenzt ist, kann *diese* Geschichte des Gehens, die ich schreibe, nur ein subjektiver Ausschnitt sein, ein von einer einzelnen Wanderin durch diese Felder gezogener eigentümlicher Pfad mit vielem Kehrtmachen und Umherblicken. Im Folgenden habe ich versucht, jene Wege zurückzuverfolgen, die die meisten von uns in meinem Land, den Vereinigten Staaten, zu diesem jetzigen Punkt geführt haben. Diese Geschichte speist sich aus zahlreichen europäischen Quellen, die der ganz andere Maßstab Amerikas, die Jahrhunderte der Anpassung und der Veränderung hier umgebogen und untergraben haben, sie speist sich aber auch aus anderen, insbesondere asiatischen Traditionen, die jüngst zu besagten Wegen hinzugestoßen

beim Gehen macht …: Fragen, die sämtliche philosophischen, psychologischen und politischen Systeme betreffen, mit denen die Welt sich beschäftigt hat. HONORÉ DE BALZAC, THEORIE DES GEHENS sind. Die Geschichte des Gehens ist die Geschichte aller, und jede Niederschrift kann nicht mehr erhoffen, als einige der besser ausgetretenen Pfade in der Umgebung der Verfasserin kenntlich zu machen – will sagen, die Pfade, die ich verfolge, sind nicht die einzigen Pfade.

An einem Frühlingstag setzte ich mich also hin, um über das Gehen zu schreiben – und stand wieder auf, weil ein Schreibtisch nicht der richtige Ort ist, um in größeren Maßstäben zu denken. Auf einer mit verlassenen militärischen Befestigungsanlagen übersäten Landzunge nördlich der Golden Gate Bridge folgte ich einem Tal bergauf, ging entlang eines Hügelkamms spazieren und stieg dann hinunter zum Pazifik. Der Frühling war auf einen außergewöhnlich nassen Winter gefolgt und hatte die Hügel in jenes ausgelassene, überschwängliche Grün verwandelt, das ich jedes Jahr vergesse und dann wiederentdecke. Durch den frischen Wuchs stach Gras vom Vorjahr hindurch, dessen Sommergold vom Regen zu einem Aschgrau gebleicht war, das der dezenteren Farbpalette des restlichen Jahres angehört. Henry David Thoreau, der auf seinen Wanderungen auf der anderen Seite des Kontinents energischer als ich ausgeschritten war, bemerkte über lokale Besonderheiten:

»Ein gänzlich neuer Ausblick ist ein großes Glück, das für mich an jedem beliebigen Nachmittag möglich ist. In

Bei den Inuit gibt es einen Brauch, bei dem man seinen Ärger ablässt, indem man in gerader Linie durchs Land läuft, bis einen diese Empfindungen verlassen haben; die Stelle, an der der Ärger überwunden *zwei oder drei Stunden kann ich in einer Gegend sein, die mir so fremd ist, wie ich es mir nur wünschen kann. Ein Farmgebäude, das ich zuvor nicht wahrgenommen hatte, ist manchmal so interessant wie die Behausung des Königs von Dahomey. In der Tat lässt sich zwischen den Möglichkeiten, die eine Landschaft in einem Radius von zehn Meilen bietet – einer Strecke, die man an einem Nachmittag bewältigen kann –, und dem etwa siebzig Jahre währenden menschlichen Leben eine Ähnlichkeit erkennen. Mit beidem ist man nie ganz vertraut.«*

Dieser Verbund von Pfaden und Straßen fügt sich zu einem Rundweg von etwa zehn Kilometern, auf dem ich vor einem Jahrzehnt zu wandern begann, um meine Existenzängste in einem schwierigen Jahr hinter mir zu lassen. Ich kam immer wieder zu dieser Route zurück, um meine Arbeit ruhen zu lassen – aber auch für meine Arbeit. Denn Denken wird in einer produktionsorientierten Kultur gemeinhin als Nichtstun betrachtet, und nichts zu tun ist schwer. Es lässt sich am besten bewerkstelligen, indem man so tut, als täte man etwas, und das Etwas, das dem Nichtstun am nächsten kommt, ist Gehen. Gehen selbst ist diejenige willkürliche Handlung, die dem unwillkürlichen Rhythmus des Körpers, dem Atmen und dem Herzschlag, am nächsten kommt. Es hält ein zartes Gleichgewicht zwischen Arbeit und Müßiggang, zwischen Sein und Tun. Es

ist, wird mit einem Stock markiert, der das Ausmaß oder die Dauer der Wut bezeugt. LUCY R. LIPPARD, OVERLAY ist eine körperliche Arbeit, die nichts produziert außer Gedanken, Erfahrungen, Ankünften. Nach all diesen Jahren des Gehens mit dem Ziel, Klarheit über andere Dinge zu gewinnen, erschien es sinnvoll, zum Arbeiten näher nach Hause (in Thoreaus Sinne) zurückzukehren und über das Gehen selbst nachzudenken.ˑ

Idealerweise ist Gehen ein Zustand der Übereinstimmung von Geist, Körper und Welt, als ob sie drei Figuren wären, die schließlich ins Gespräch miteinander kommen, drei Töne, die plötzlich in einem Akkord erklingen. Gehen erlaubt uns, in unseren Körpern und in der Welt zu sein, ohne von ihnen zu Geschäftigkeit genötigt zu werden. Es lässt uns frei denken, ohne dass wir uns gänzlich in unseren Gedanken verlieren. Ich war nicht sicher, ob ich zu früh oder zu spät dran war für die violette Lupine, die auf diesen Landzungen so spektakulär aufblüht, doch immerhin wuchs am schattigen Straßenrand auf dem Weg zur Wanderroute Schaumkraut, das mich an die Hügelhänge meiner Kindheit erinnerte, die jedes Jahr als Erstes in einer Überfülle dieser weißen Blumen erblühten. Schwarze Schmetterlinge flatterten von Wind und Flügeln umhergeworfen um mich herum und riefen mir eine andere Phase meiner Vergangenheit in Erinnerung. Die Bewegung zu Fuß erleichtert es offenbar, sich auch in der Zeit zu bewegen; der Geist wandert von Plänen zu Erinnerungen zu Beobachtungen.

Der Rhythmus des Gehens bringt eine Art Denkrhythmus hervor, und das Sichbewegen durch eine Landschaft spiegelt oder stimuliert die Bewegung durch eine Gedankenfolge. Dadurch entsteht eine sonderbare Übereinstimmung zwischen innerer und äußerer Bewegung, die die Vorstellung nahelegt, dass auch der Geist eine Art Landschaft darstellt und Gehen eine Form, sich durch sie zu bewegen. Ein neuer Gedanke scheint oft wie ein Merkmal der Landschaft, das sich dort immer schon befunden hat, als ob Denken eher Reisen als Erschaffen wäre. Ein Aspekt der Geschichte des Gehens ist daher die Geschichte des konkretisierten Denkens – denn die Bewegungen des Geistes lassen sich nicht abmessen, die der Füße hingegen schon. Gehen lässt sich auch als visuelle Tätigkeit vorstellen, jeder Spaziergang als hinreichend gemächliche Tour, um die Ansichten wahrzunehmen und über sie nachzudenken, das Neue in das Bekannte einzufügen. Vielleicht kommt daher der eigentümliche Nutzen, den das Gehen für Denkerinnen und Denker bereithält. Die überraschenden, befreienden und erhellenden Momente des Reisens ergeben sich manchmal, wenn man um den Block läuft, oder manchmal auch, wenn man um die Welt läuft; zu Fuß reist man nah wie fern. Oder vielleicht sollten wir Gehen lieber als Bewegung und nicht als Reisen bezeichnen, denn man kann im Kreis laufen oder man kann bewegungsunfähig auf einem Sitz durch die Welt reisen, und eine bestimmte Art von Wanderlust lässt sich nur durch die Tätigkeit des bewegten Körpers stillen, nicht durch die Bewegung des Autos, Schiffs oder Flugzeugs. Sowohl die Bewegung als auch die vorüberziehenden Ansichten scheinen den Geist in Bewegung zu versetzen, und genau das macht Wandern zu etwas Vieldeutigem und unendlich Fruchtbarem: Es ist Mittel und Zweck, Reise und Ziel zugleich.

Die alte rotsandige Straße, einst vom Militär angelegt, wand sich durch das Tal bergauf. Gelegentlich konzentrierte ich mich auf den Akt des Gehens, doch meist blieb es ein unbewusstes Tun, bei dem sich meine Füße mittels ihrer eigenen Kenntnisse über Geschwindigkeit, das Halten des Gleichgewichts und das Umgehen von Steinen und Spalten fortbewegten. Das verschaffte mir die Freiheit, die Hügellandschaft in der Ferne und den Überfluss an Blumen um mich herum zu betrachten: *Brodiaea;* dann die rosafarbenen papierartigen Blüten, deren Namen ich immer vergesse; ein Überfluss an Sauerklee in gelber Blüte; und halb um die letzte Biegung eine schneeweiße Weihnachts-Narzisse. Nach zwanzig Minuten Bergauftrottens legte ich nun eine Pause ein, um an ihr zu riechen. Früher gab es einen Milchhof in diesem Tal, und weiter unten, auf der anderen Seite des nassen, mit Weiden übersäten Talgrunds stehen immer noch das Fundament einer Farm und verstreut ein paar alte Obstbäume. Diese Gegend war viel länger eine Produktionslandschaft als ein Erholungsgebiet gewesen: Erst kamen die Miwok-Ureinwohner, dann die Landwirte, die nach einem Jahrhundert ihrerseits von der Militärbasis vertrieben wurden. Diese machte in den 1970er-Jahren dicht, als die Küsten in einem zunehmend abstrakten und auf den Luftraum konzentrierten Krieg bedeutungslos wurden. In den 1970er-Jahren wurde das Gebiet der Nationalparkverwaltung und Leuten wie mir überlassen, die in der Tradition des vergnüglichen Landschaftswanderns stehen. Die Geschützstellungen, Bunker und Tunnel aus massivem Beton werden nie verschwinden wie die Gebäude des Milchhofs, doch es müssen die Milchbauern gewesen sein, die das Vermächtnis von Gartenblumen hinterlassen haben, die zwischen den heimischen Pflanzen sprießen.

Gehen heißt umherschweifen, und ich schweifte von meinem Narzissenbüschel in der Biegung der roten Straße zunächst in Gedanken und dann auch körperlich ab. Die Militärstraße erreichte den Hügelkamm und kreuzte den Wanderpfad, der mich über die Anhöhe führte, dann in den Wind schnitt und mich bergab brachte, bevor er allmählich wieder hinaufführte zur Westseite des Kamms. Auf dem Grat oberhalb dieses Fußpfads befand sich, zum nördlich angrenzenden Tal hin ausgerichtet und von einer achteckigen Umzäunung umgeben, eine alte Radarstation. Die sonderbare Ansammlung von Objekten und Betonbunkern auf einem Asphaltblock gehörte zu einem Nike-Raketenleitsystem, das dazu diente, Atomraketen von ihrer Abschussbasis im unterhalb gelegenen Tal zu anderen Kontinenten zu lenken, auch wenn in Kriegszeiten nie Raketen von hier abgeschossen wurden. Die Ruine mag man sich als Souvenir des abgeblasenen Weltuntergangs vorstellen.

Atomwaffen waren es auch, die mich zum ersten Mal mit der Geschichte des Gehens in Berührung brachten – eine Verbindung so überraschend, wie Pfade oder Gedankenverknüpfungen eben sein können. In den 1980er-Jahren wurde ich zur Antiatom-Aktivistin und nahm an den Frühlingsdemonstrationen beim Nevada-Testgelände teil, einem der Fläche nach mit Rhode Island vergleichbaren Regierungsgelände im südlichen Nevada, wo die Vereinigten Staaten seit 1951 Atombomben zünden – bislang mehr als eintausend davon. Manchmal schienen Kernwaffen nicht viel mehr als abstrakte Haushaltsposten, Entsorgungsziffern, potenzielle Opferzahlen zu sein, denen man mit Kampagnen, Publikationen und Lobbyismus entgegentrat. Die bürokratische Abstraktheit sowohl des Rüstungswettlaufs als auch des Widerstands dagegen erschwerte das Verständnis dafür, dass das eigentliche Thema die Vernichtung wirklicher Körper und wirklicher Orte war. Die Massenvernichtungswaffen wurden in einer wunderschön kahlen Landschaft zur Explosion gebracht, in deren Nähe wir bei jeder Demonstration für ein, zwei Wochen kampierten (nach 1963 wurden sie nur noch unterirdisch gezündet, doch häufig trat dennoch Strahlung in die Atmosphäre aus, und jedes Mal bebte die Erde). Wir – dieses *wir* aus der gammeligen amerikanischen Gegenkultur, aber auch aus Überlebenden von Hiroshima und Nagasaki, buddhistischen Mönchen und Franziskaner-Priestern und Nonnen, zu Pazifisten gewordenen Veteranen, abtrünnigen Physikern, kasachischen und deutschen und polynesischen Aktivisten, die im Schatten der Bombe lebten, und Westlichen Shoshonen, um deren Land es sich handelte – hatten die Abstraktionen durchbrochen. Jenseits dieser Abstraktionen lag die Wirklichkeit von Orten, von Ansichten, von Handlungen, von Empfindungen – von Handschellen, Dornen, Staub, Hitze, Durst, Strahlungsrisiko, des Zeugnisses von Strahlenopfern –, aber auch von spektakulärem Wüstenlicht, der Freiheit des offenen Raums und des ergreifenden Anblicks Tausender, die unsere Überzeugung teilten, dass Atombomben das falsche Instrument darstellten, um damit die Geschichte der Welt zu schreiben. Wir legten eine Art körperliches Zeugnis für unsere Überzeugungen, für die wilde Schönheit der Wüste und die nicht fern von uns vorbereiteten Apokalypsen ab. Unsere Demonstrationen nahmen die Form des Spaziergangs an: Was auf der öffentlichen Seite des Zauns eine feierliche Prozession war, wurde auf der gesperrten Seite zum unbefugten Betreten, das die Festnahme zur Folge hatte. Wir übten uns in beispiellosem Maßstab in zivilem Ungehorsam oder zivilem Widerstand, einer amerikanischen Tradition, die Thoreau als Erster formuliert hatte.

Thoreau selbst war sowohl Naturdichter als auch Gesellschaftskritiker. Sein berühmter Akt zivilen Ungehorsams war passiv – eine Weigerung, sich durch Steuerzahlung an Krieg und Sklaverei zu beteiligen, und das Erleiden der daraus resultierenden Nacht im Gefängnis – und stand nicht in direktem Zusammenhang mit seiner Erkundung und Deutung der lokalen Landschaft, auch wenn er gleich am Tag seiner Haftentlassung eine Gruppe zum Heidelbeerenpflücken führte. Bei unseren Aktionen am Testgelände verbanden sich die Poesie der Natur und die Kritik an der Gesellschaft in diesem Kampieren, Spaziergehen und unerlaubten Betreten des Geländes, so als ob wir herausgefunden hätten, wie eine Beerenpflückgruppe zugleich ein revolutionärer Kader sein konnte. Auf mich wirkte es wie eine Offenbarung zu sehen, wie dieser Akt des Spazierens durch eine Wüste und über ein Viehgitter in die verbotene Zone hinein eine politische Aussage transportieren konnte. Auch entdeckte ich bei der Anreise in diese Landschaft allmählich andere Landschaften des amerikanischen Westens jenseits meiner Küstenregion und begann, diese Landschaften und die Geschichte, die mich zu ihnen geführt hatte, zu erkunden – nicht nur die Geschichte der Entwicklung des

Westens, sondern auch der romantischen Lust am Wandern und an der Landschaft, der demokratischen Tradition des Widerstands und der Revolution, der älteren Geschichte des Pilgerns und Wanderns zu spirituellen Zwecken. Ich fand meine Stimme als Schriftstellerin durch die Beschreibung all dieser Schichten der Geschichte, die meine Erfahrungen am Testgelände prägte. Und ich begann, im Prozess des Schreibens über Orte und ihre Geschichte auch über das Gehen nachzudenken und zu schreiben.

Wie jede Leserin von Thoreaus Essay über das »Spazieren« weiß, führt Wandern unvermeidlich zu anderen Themen. Gehen ist ein Thema, das immer abschweift. Zum Beispiel zu den Götterblumen unterhalb der Raketenleitstation auf den nördlichen Landzungen der Golden Gate. Sie sind meine Lieblingswildblumen, diese kleinen magentafarbenen Trichter mit scharfen schwarzen Punkten, die aerodynamisch geformt wirken wie für einen Flug, zu dem sie nie abheben, als hätten sie sich unter Absehung von der Tatsache entwickelt, dass Blumen Stängel und Stängel Wurzeln haben. Die Chaparral-Vegetation zu beiden Seiten des Pfads, die während der trockenen Monate durch Kondensation des vom Ozean aufsteigenden Dunstes bewässert wird und die schattenreiche Lage des Nordhangs genießt, wuchs üppig. Während mich die Raketenleitstation auf dem Kamm immer an die Wüste und an Krieg denken lässt, erinnern mich diese unterhalb gelegenen Böschungen immer

Wie Kinder eignen wir uns einen Ort und eine bildliche Vorstellung von seinen räumlichen Verhältnissen zu Fuß und mithilfe unserer Vorstellungskraft an. Der Ort und die Größenverhältnisse des Raums an englische Heckenreihen, jene Feldbegrenzungen mit ihrem Überfluss an Pflanzen, Vögeln und dieser idyllischen Art ländlichen Raums in England. Es gab Farne, wilde Erdbeeren und, unter einem Kojotenbusch verkrochen, eine Gruppe blühender weißer Schwertlilien.

Obwohl ich an diesen Ort gekommen war, um über das Gehen nachzudenken, musste ich ständig an alles Mögliche denken, an Briefe, die ich hätte schreiben sollen, an Gespräche, die ich hätte führen sollen. Zumindest als meine Gedanken zu dem Telefongespräch mit meiner Freundin Sono an jenem Morgen schweiften, blieb ich noch bei der Sache. Sonos Transporter war vor ihrem Studio in West-Oakland gestohlen worden, und sie erzählte mir, dass zwar alle auf die Nachricht wie auf eine Katastrophe reagierten, sie selbst es aber gar nicht bedauerte, dass er verschwunden war, und es auch nicht eilig hatte, ihn zu ersetzen. Sie freute sich über die Entdeckung, dass sich ihr Körper durchaus dazu eignete, sie an ihr Ziel zu bringen, und empfand es als Geschenk, eine greifbarere, konkretere Beziehung zu ihrem Viertel und seinen Bewohnern herzustellen. Wir sprachen über das schleppendere Zeitgefühl, das man zu Fuß und mit öffentlichen Verkehrsmitteln entwickelt, wenn alles vorher durchgeplant werden muss, statt alles hastig auf den letzten Drücker zu erledigen, und über das Ortsgefühl, das man nur zu Fuß entwickelt. Heutzutage leben viele Menschen in einer Aneinanderreihung getrennter Innenräume –

müssen anhand des Körpers und seiner Fähigkeiten bemessen werden.
GARY SNYDER, »BLAUE BERGE WANDERN«

Zuhause, Auto, Fitnessstudio, Büro, Geschäfte. Zu Fuß bleibt alles miteinander verbunden, weil man beim Gehen die Räume zwischen diesen Innenräumen in derselben Weise ausfüllt wie die Innenräume selbst. Man lebt in der ganzen Welt statt nur in Räumen, die zur Abgrenzung gegen sie errichtet wurden.

Der schmale Pfad, dem ich gefolgt war, endete an der alten grauen Asphaltstraße, die zur Raketenleitstation hinaufführt. Wenn man vom Pfad zu dieser Straße hinaufsteigt, öffnet sich der Blick auf die ganze Weite des Ozeans, der sich ohne Unterbrechung bis nach Japan erstreckt. Dieselbe Freude überwältigt mich jedes Mal wieder, wenn ich diese Grenze überschreite und den Ozean wiederentdecke, strahlend wie geschlagenes Silber an den sonnigsten Tagen, grün bei Bewölkung, braun vom weit ins Meer hinaus schwemmenden schlammigen Ausfluss der Bäche und Flüsse während der Winterhochwasser, ein schillerndes Gesprenkel von Blautönen an Tagen mit vereinzelten Wolken, nicht zu sehen nur an den nebligsten Tagen, an denen allein der Salzgeruch die Veränderung anzeigt. An diesem Tag präsentierte sich das Meer in einem satten Blau, das sich zu einem undeutlichen Horizont erstreckte, an dem weißer Dunst den Übergang in den wolkenlosen Himmel verwischte. Ab hier verlief meine Route bergab. Ich hatte Sono von einer Anzeige erzählt, die ich ein paar Monate zuvor in der *Los Angeles Times* gesehen hatte und an die ich seitdem immer wieder hatte denken müssen. Darin wurde ganzseitig für eine Enzyklopädie auf CD-ROM geworben, und der Werbetext dazu lautete: »Sie selbst sind einst bei strömendem Regen durch die halbe Stadt gelaufen, um in unseren Enzyklopädien nachzuschlagen. Wir sind zuversichtlich, dass wir Ihr Kind zum Klicken und Ziehen bewegen können.« Ich glaube, die wirkliche Bildung für das Kind stellte der Spaziergang durch den Regen dar, zumindest was die Sinne und das Vorstellungsvermögen betrifft. Vielleicht schweift das Kind mit der CD-ROM von seiner Aufgabe ab, doch in einem Buch oder einem Computer umherzustreifen findet unter beschränkteren und weniger sinnlichen Bedingungen statt. Erst die unvorhersehbaren Ereignisse zwischen offiziellen Terminen fügen sich zu einem Leben, das Unberechenbare verleiht ihm Wert. Wandern in der Stadt und auf dem Land bilden seit zwei Jahrhunderten Hauptformen der Erkundung des Unvorhersehbaren und Unberechenbaren, doch heute sehen sie sich Angriffen von mehreren Seiten ausgesetzt.

Die Vervielfältigung von Technologien im Namen der Effizienz vernichtet in Wahrheit freie Zeit, indem es diese Technologien ermöglichen, Zeit und Raum für die Produktion zu maximieren und die unstrukturierte Reisezeit dazwischen zu minimieren. Neue Zeitspartechnologien machen die meisten Arbeiterinnen und Arbeiter in einer Welt, die sich um sie herum zu beschleunigen scheint, produktiver, nicht freier. Die Effizienzrhetorik, die diese Technologien begleitet, suggeriert zudem, dass nicht wertgeschätzt werden kann, was nicht quantifiziert werden kann – dass dieses ganze Feld von Freuden, die unter die Kategorie des Nichts-Besonderes-Tuns, des Tagträumens, Wolkenschauens, Wanderns, Schaufensterbummelns fallen, nichts als Leerstellen wären, die mit etwas Bestimmterem, Produktiverem oder Schnellerem gefüllt werden sollten. Selbst auf dieser Landzungenroute, die zu keinem nützlichen Ort führte, die man allein zum Vergnügen ablaufen konnte, hatten Menschen Abkürzungen zwischen den Serpentinen ausgetreten, als wäre Effizienz zu einer Gewohnheit geworden, die sie nicht abschütteln konnten. Die Unbestimmtheit eines Spaziergangs, auf dem sich viel entdecken lässt, wird ersetzt durch die Bestimmtheit der mit größtmöglicher Geschwindigkeit zu durchschreitenden kürzesten Distanz und durch elektronische Übermittlung, die wirkliches Reisen weniger notwendig macht. Als Mitglied der Gruppe der Selbstständigen, die ihre durch Technologie frei gewordene Zeit mit Tagträumen und Umherschweifen verschwenden können, weiß ich, dass diese Dinge ihren Nutzen haben, und ich nutze sie – einen Pickup, einen Computer, ein Modem – auch selbst, aber ich fürchte ihre falsche Dringlichkeit, ihr Zur-Eile-Drängen, ihr unnachgiebiges Beharren darauf, dass Reisen weniger wichtig sei als Ankommen. Ich mag Gehen, weil es langsam ist, und ich habe den Verdacht, dass der Geist wie die Füße mit rund fünf Kilometern die Stunde arbeitet. Und wenn dem so ist, dann bewegt sich das moderne Leben mit größerer Geschwindigkeit als das Denken – oder die Nachdenklichkeit.

Beim Gehen geht es darum, sich draußen aufzuhalten, im öffentlichen Raum. In älteren Städten wird heute öffentlicher Raum aufgegeben und erodiert, in den Hintergrund gedrängt von Technologien und Diensten, die es nicht mehr nötig machen, das Haus zu verlassen, und an vielen Orten wird er auch von Ängsten überschattet (unbekannte Orte wirken immer beängstigender als bekannte, sodass die

Stadt umso beunruhigender erscheint, je weniger man sich in ihr bewegt, und je weniger Spaziergänger es gibt, desto einsamer und gefährlicher wird sie tatsächlich). In vielen neuen Städten hingegen ist öffentlicher Raum schon im Design gar nicht mehr vorgesehen: Was einst öffentlicher Raum war, wird zugunsten der Privatheit des Autos gestaltet; Malls ersetzen Hauptstraßen; Straßen haben keine Gehwege; in Gebäude gelangt man durch ihre Garagen; es gibt keine Rathausplätze mehr; und alles hat Wände, Gitter, Tore. Angst hat insbesondere in Südkalifornien einen ganzen eigenen Architekturstil und ein Stadtdesign hervorgebracht, bei dem man sich in vielen der Wohnsiedlungen und bewachten Wohnanlagen als Fußgänger verdächtig macht. Zugleich werden ländliche Gebiete und die einst einladenden Randgebiete von Kleinstädten in Autopendler-Wohngebiete eingesaugt oder anderweitig in Beschlag genommen. An manchen Orten ist es nicht länger möglich, sich in der Öffentlichkeit aufzuhalten – eine Krise für die privaten Offenbarungen des einsamen Spaziergängers wie für die demokratischen Funktionen des öffentlichen Raums. Gegen diese Fragmentierung von Leben und Landschaften kämpften wir damals, vor langer Zeit, in den Weiten der Wüste, die vorübergehend so öffentlich wurde wie ein Marktplatz.

Und wenn der öffentliche Raum verschwindet, dann auch der Körper als geeignetes Vehikel der Fortbewegung, um Sonos treffende Wortwahl zu bemühen. Sono und ich unterhielten uns über die Entdeckung, dass unsere Viertel – die zu den meistgefürchteten Ecken in der Bay Area gehören – gar nicht so feindlich sind (wenn auch nicht so sicher, dass wir gar nicht mehr über Sicherheit nachzudenken bräuchten). Vor langer Zeit bin ich auf der Straße bedroht und überfallen worden, doch tausendmal häufiger bin ich Freundinnen oder Freunden über den Weg gelaufen, habe ein gesuchtes Buch in einem Schaufenster entdeckt, bin von meinen gesprächigen Nachbarn begrüßt worden und habe Komplimente bekommen, habe mich an Architektur erfreut, habe Poster für Konzerte und ironische politische Kommentare an Wänden und Telefonmasten gesehen, Wahrsagerinnen, den zwischen Gebäuden aufgehenden Mond, habe Einblicke in das Leben und die Wohnungen anderer Menschen bekommen und das Lärmen der Singvögel in den Straßenbäumen gehört. Das Zufällige, Unkontrollierte erlaubt, etwas zu finden, von dem man gar nicht weiß, dass man es sucht. Und man kennt einen Ort erst, wenn man von ihm überrascht wird. Gehen ist eine Möglichkeit, ein Bollwerk gegen diese Erosion des Geistes, des Körpers, der Landschaft und der Stadt aufrechtzuerhalten, und jeder Spaziergänger ist ein Wächter auf Patrouille zum Schutz des Unbeschreiblichen.

Auf etwa einem Drittel des Wegs zum Strand hinab war ein orangefarbenes Netz gespannt. Es sah aus wie ein Tennisnetz, doch als ich dort ankam, erkannte ich, dass es einen breiten neuen Spalt in der Straße abgrenzte. Diese Straße zerfällt allmählich, seit ich vor zehn Jahren begann, darauf zu wandern. Früher führte sie ohne Unterbrechung vom

Und dann, als ich eines Tages um den Tavistock Square spazierte, erdachte ich, so wie ich meine Bücher manchmal erdenke, *To the Light-*

Meer hinauf auf den Hügelkamm. 1989 tauchte am Küstenabschnitt der Straße ein Sprung auf, an dem man sich noch vorbeischieben konnte, als Nächstes führte dann ein kleiner Ausweichpfad um den wachsenden Spalt herum. Mit jedem Winterregen bröckelte mehr rote Erde und Straßenfläche ab und rutschte in einen Haufen am trümmerübersäten Fuß des steilen Hangs, über den die Straße einst geführt hatte. Anfangs war es ein überraschender Anblick, diese mitten in der Luft abgebrochene Straße, denn man hat bei Straßen und Wegen immer die Erwartung des Kontinuierlichen. Jedes Jahr sind weitere Teile abgefallen. Und ich bin diese Route so oft gegangen, dass jeder Abschnitt Assoziationen in mir weckt. Ich erinnere mich an alle Phasen des Einsturzes und daran, ein wie anderer Mensch ich war, als die Straße noch als ganze existierte. Ich erinnere mich, wie ich fast drei Jahre vorher auf dieser Route einem Freund erklärte, wieso ich gerne immer wieder denselben Weg laufe. Mit einer fragwürdigen Übertragung von Heraklits berühmtem Ausspruch über Flüsse scherzte ich, dass man nie zweimal über denselben Pfad schreitet; und kurz darauf kamen wir an die neue Treppe, die den steilen Hang des Hügels hinabführt und ausreichend weit zum Landesinneren hin gebaut ist, dass die Erosion sie auf Jahre hin nicht erreichen würde. Wenn es eine Geschichte des Gehens gibt, dann ist auch sie an einem Punkt angelangt, wo die Straße abbricht, einem Punkt, wo kein öffentlicher Raum exis-

house; in einem großen anscheinend unwillkürlichen Drang.
VIRGINIA WOOLF, »SKIZZE DER VERGANGENHEIT«

tiert und die Landschaft zuasphaltiert wird, wo die Muße schwindet und unter dem Druck zu produzieren erdrückt wird, wo Körper sich nicht in der Welt, sondern nur in den Innenräumen von Autos und Gebäuden aufhalten und wo eine Verherrlichung hoher Geschwindigkeiten diese Körper anachronistisch oder kraftlos erscheinen lässt. In diesem Kontext wird Gehen zu einem subversiven Abstecher, zur malerischen Route durch eine halb aufgegebene Landschaft von Ideen und Erfahrungen.

Ich musste um diesen aus der wirklichen Landschaft herausgebissenen Brocken herumnavigieren, indem ich einer neuen Umgehung auf der rechten Seite folgte. Auf diesem Rundgang gibt es immer den Augenblick, in dem die Hitze des Kletterns und die Windstille im Schutz der Hügel umschlagen in einen Abstieg in die Meeresluft. Dieses Mal kam dieser Augenblick auf der Treppe nach dem Geröll unterhalb eines neuen Einschnitts in das grüne Serpentingestein des Hügels. Von dort war es nicht mehr weit bis zu der Biegung hin zur anderen Hälfte der Straße, die sich immer näher an die Klippen oberhalb des Ozeans heranwindet, wo mit hörbarem Getöse die Wellen an den dunklen Felsen zu weißem Schaum zerschellen. Bald erreichte ich den Strand, an dem Surfer, in ihren schwarzen nassen Anzügen glatt wie Robben, an der nördlichen Ecke der Bucht die brechenden Wellen abpassten, Hunde Stöcken hinterherhechelten, sich Leute auf Handtüchern fläzten und die

In meinem Zimmer entzieht sich die Welt meinem Verstand; / Aber wenn ich gehe, sehe ich, daß sie aus drei oder vier Hügeln und einer

Wellen niederkrachten und dann landauf in einen flachen Schwall ausliefen, um an den Füßen derjenigen von uns zu lecken, die auf dem harten Sand, den die Flut hinterlassen hatte, spazieren gingen. Unbenetzt blieb nur ein schmaler Streifen oberhalb eines sandigen Hügelkamms und entlang einer trüben Lagune voller Wasservögel.

Überraschend kam die Schlange, eine Strumpfbandnatter, die wegen der über die ganze Länge ihres dunklen Körpers verlaufenden gelblichen Streifen so genannt wird, eine winzige und bezaubernde Schlange, wie sie sich so gewelltem Wasser gleich über den Weg und in die Gräser an der Seite schlängelte. Sie ängstigte mich weniger, als dass sie mich in Alarmbereitschaft versetzte. Plötzlich tauchte ich aus meinen Gedanken auf und nahm alles um mich herum bewusst wahr – die Kätzchen auf den Weiden, das Plätschern des Wassers, die blattartigen Muster der Schatten entlang des Wegs. Und dann auch mich selbst, wie ich mit der körperlichen Anpassung lief, die sich nur nach Kilometern einstellt, mit dem losen diagonalen Rhythmus der synchron mit den Beinen schwingenden Arme an einem Körper, der sich lang und gedehnt anfühlte, fast so geschmeidig wie die Schlange. Ich hatte meinen Rundweg beinahe beendet und wusste nun besser als zehn Kilometer zuvor, was mein Thema war und wie ich es angehen konnte. Es war mir nicht in einer plötzlichen Eingebung gekommen, sondern in Form zunehmender Gewissheit, einem Gefühl für den

Wolke besteht. WALLACE STEVENS, »VON DER OBERFLÄCHE DER DINGE«

Sinn wie einem Gefühl für den Ort. Wenn wir uns einem Ort überlassen, gibt er uns uns selbst zurück; je besser wir ihn kennenlernen, desto mehr säen wir dort die unsichtbare Saat von Erinnerungen und Assoziationen, die uns erwarten, wenn wir dorthin zurückkehren. Neue Orte wiederum bieten uns neue Gedanken, neue Möglichkeiten. Die Welt zu erkunden, ist eine der besten Arten, den Geist zu erkunden; und Gehen bewegt sich durch beide Terrains.

VIRGINIA WOOLF

Mrs Dalloway

Mrs Dalloway sagte, sie wolle die Blumen selber kaufen. Denn Lucy hatte genug zu bestellen. Die Türen würden aus den Angeln gehängt werden; Rumpelmayers Leute kämen. Und dann, dachte Clarissa Dalloway, was für ein Morgen – frisch, wie geschaffen für Kinder am Strand.

Was für ein Vergnügen! Was für ein Sprung! Denn so war es ihr immer vorgekommen, wenn sie, mit einem leichten Quietschen der Angeln, das sie jetzt hören konnte, die Fenstertür zum Garten aufgerissen hatte und in Bourton ins Freie gesprungen war. Wie frisch, wie ruhig, stiller natürlich als jetzt, die Luft am frühen Morgen war; wie der Klaps einer Welle; der Kuß einer Welle; eiskalt und schneidend und doch (für ein Mädchen von achtzehn, das sie damals war) feierlich, mit dem Gefühl, das sie an der offenen Tür stehend hatte, etwas Bestürzendes werde sich gleich ereignen; auf die Blumen blickend, auf die Bäume mit dem entweichenden Dunst und die steigenden und sinkenden Krähen, stehend und blickend, bis Peter Walsh sagte »zum Grübeln ins Gemüse« – war es das? – »Menschen sind mir lieber als Blumenkohl« – war es das? Er mußte es eines Morgens beim Frühstück gesagt haben, als sie auf die Terrasse getreten war – Peter Walsh. Er würde dieser Tage aus Indien zurückkehren, im Juni oder Juli, sie hatte vergessen, wann, denn seine Briefe waren schrecklich fade; seine Bemerkungen waren es, an die man sich erinnerte; seine Augen, sein Taschenmesser, sein Lächeln, seine Verdrossenheit und, wenn abertausend Dinge längst entschwunden waren – wie seltsam war das! –, ein paar Bemerkungen wie die über Kohlköpfe.

Sie stockte ein wenig am Kantstein, bis Durtnalls Lieferwagen vorbeigefahren war. Eine bezaubernde Frau, meinte Scrope Purvis von ihr (er kannte sie, wie man Leute kennt, die neben einem in Westminster wohnen); etwas von einem Vogel an ihr, einem Eichelhäher, blau-grün, leicht, lebhaft, obwohl sie über fünfzig und seit ihrer Krankheit sehr weiß geworden war. Da war sie, aufgebaumt, ganz ohne ihn zu sehen, aufs Hinübergehen wartend, sehr aufrecht.

Denn wenn man in Westminster gelebt hatte – wie viele Jahre jetzt? über zwanzig –, fühlt man selbst mitten im Verkehr oder beim nächtlichen Wachen, Clarissa war ganz sicher, eine besondere Stille oder Erhabenheit; eine unbeschreibliche Pause; eine Beschwernis (aber das konnte ihr Herz sein, das, hieß es, von der Grippe geschwächt war), bevor Big Ben schlägt. Da! Voll dröhnte er. Erst eine Warnung, melodisch; dann die Stunde, unwiderruflich. Die bleiernen Kreise lösten sich auf in der Luft. Was für Narren wir sind, dachte sie, Victoria Street überquerend. Denn der Himmel allein weiß, warum man es so liebt, wieso man es so sieht, es erdenkend, es um sich gründend, es umstürzend, es jeden Augenblick neu erschaffend; aber die reinsten Vogelscheuchen, die am meisten von Elend entmutigten auf den Türstufen Sitzenden (Trunksucht ihr

Niedergang) tun das gleiche; nichts dagegen zu machen, sie fühlte das sicher, durch Parlamentsbeschlüsse, aus genau diesem Grund: sie lieben das Leben. In den Augen der Leute, in dem Schwung, Schritt und Gang; in dem Brüllen und dem Tosen; den Kutschen, Automobilen, Omnibussen, Lieferwagen, den schlurfenden und schwankenden Sandwichmännern; den Blaskapellen; den Drehorgeln; in der Glorie und dem Klingeln und dem seltsamen hohen Singen eines Aeroplans da oben war, was sie liebte; Leben; London; dieser Juni-Augenblick.

Denn es war Mitte Juni. Der Krieg war zu Ende, bloß nicht für jemand wie Mrs Foxcroft gestern abend im Embassy, deren Herz sich verzehrte, weil der nette Junge gefallen war und der alte Herrensitz jetzt an einen Vetter fällt; oder Lady Bexborough, die, hieß es, einen Wohltätigkeitsbazar eröffnete, in der Hand das Telegramm, John, ihr Liebling, sei gefallen; aber er war zu Ende; gottseidank – zu Ende. Es war Juni. Der König und die Königin waren im Schloß. Und überall, obgleich es noch so früh war, war ein Stampfen, ein Wirbeln galoppierender Ponies, Schlagen von Krickethölzern; Lords, Ascot, Ranelagh und was es sonst noch gab; gehüllt in das weiche Gespinst der graublauen Morgenluft, die sie, wenn der Tag verstrich, abspulen und auf ihre Rasenplätze und Markierungen stellen würde, die stürmenden Ponies, deren Vorderbeine den Boden kaum berührten, und schon sprangen sie hoch, die herumwirbelnden jungen Männer und lachenden Mädchen in ihren durchscheinenden Musselinkleidern, die, eben jetzt, nach einer durchtanzten Nacht, ihre absurden wolligen Hunde ausführten; und eben jetzt, zu dieser Stunde, kamen diskrete alte Witwen von Stande in ihren Automobilen zu geheimnisvollen Besorgungen herausgeschossen; und die Ladeninhaber pusselten in ihren Schaufenstern mit ihren Kunststeinen und Diamanten, ihren himmlischen alten, seegrünen Broschen in Fassungen aus dem achtzehnten Jahrhundert, um Amerikanerinnen zu verführen (aber man muß sich einschränken, nicht unbesonnen etwas für Elizabeth kaufen), und auch sie, die das mit einer verdrehten und treulichen Leidenschaft liebte, da sie ein Teil davon war, denn ihre Vorfahren waren früher in den georgianischen Zeiten bei Hofe gewesen, auch sie würde heute abend anzünden und erleuchten; ihre Gesellschaft geben. Aber wie seltsam, beim Betreten des Parks, die Stille; der Dunst; das Summen; die träg-schwimmenden glücklichen Enten; die aufgeplusterten watschelnden Vögel; und wer anders konnte da mit dem Rücken zu den Regierungsgebäuden, wie gerufen, daherkommen, eine Depeschentasche mit dem königlichen Wappen in der Hand. Wer anders als Hugh Whitbread; ihr alter Freund Hugh – der wunderbare Hugh!

»Einen guten Morgen wünsche ich Ihnen, Clarissa!« sagte Hugh, ziemlich übertrieben, denn sie kannten einander von Kindheit an. »Wohin führt Sie der Weg?«

»Ich gehe so gern in London spazieren«, sagte Mrs Dalloway. »Wirklich, das ist besser, als auf dem Lande spazierenzugehen.«

Sie seien gerade erst hereingekommen – dummerweise –, um den Arzt aufzusuchen. Andere Leute kämen, um sich Museen anzusehen; um in die Oper zu gehen; um ihre Töchter auszuführen; die Whitbreads kämen, »um den Arzt aufzusuchen«. Zahllose Male hatte Clarissa Evelyn Whitbread im Sanatorium besucht. Sei Evelyn wieder krank? Evelyn sei gewissermaßen unpäßlich, sagte Hugh und gab durch eine Art Vorwölben oder Anschwellen seines vortrefflich eingehüllten, männlichen, äußerst ansehnlichen, vollendet aufgepolsterten Körpers (er war immer fast zu gut angezogen, mußte es aber, seines kleinen Postens bei Hofe wegen, vermutlich sein) zu verstehen, daß seine Frau ein inneres Leiden habe, nichts Ernstes, was Clarissa Dalloway, als eine alte Freundin, leicht verstehen würde, auch ohne ihn um Einzelheiten zu ersuchen. O ja, das tat sie selbstverständlich; wie verdrießlich; und empfand schwesterliches Mitgefühl und war sich gleichzeitig ihres Hutes merkwürdig bewußt. Nicht der richtige Hut für den frühen Morgen, war es das? Denn Hugh gab ihr immer das Gefühl, wie er sich tummelte, seinen Hut ziemlich übertrieben lüftete und ihr versicherte, sie könnte ein Mädchen von achtzehn sein, und natürlich käme er heut abend zu ihrer Gesellschaft, Evelyn bestehe unbedingt darauf, es könnte nur ein bißchen später werden nach dem Empfang im Buckingham Palace, zu dem er einen von Jims Söhnen mitnehmen müsse – sie fühlte sich immer ein bißchen mickrig neben Hugh; schulmädchenhaft; aber anhänglich an ihn, teils weil sie ihn schon immer gekannt hatte, aber sie fand ihn, auf seine Weise, ganz in Ordnung, obgleich er Richard mehr oder minder rasend machte, und was Peter Walsh anging, der hatte ihr bis zum heutigen Tage nie verziehen, daß sie ihn mochte.

Sie konnte sich an eine Auseinandersetzung nach der andern in Bourton erinnern – Peter wütend; Hugh, selbstverständlich, ihm in keiner Weise gewachsen, aber doch nicht der ausgemachte Schwachkopf, als den Peter ihn hinstellte; kein bloßer Stockfisch. Wenn seine alte Mutter ihn bat, das Jagen zu lassen oder sie nach Bath zu bringen, tat er das, wortlos; er war wirklich uneigennützig, und was das Gerede, von Peter, anging, daß er kein Herz, kein Hirn, nichts habe als die Manieren und die Erziehung eines englischen Gentleman, so zeigte das nur ihren lieben Peter von seiner schlechtesten Seite; und er konnte unerträglich sein; er konnte unmöglich sein; aber anbetungswürdig, wenn man an einem Morgen wie diesem mit ihm spazierenging.

(Der Juni hatte jedes einzelne Blatt an den Bäumen hervorgelockt. Die Mütter in Pimlico säugten ihre Kleinen. Botschaften wurden zwischen der Flotte und der Admiralität gewechselt. Arlington Street und Piccadilly schienen selbst die Luft im Park zu erhitzen und seine Blätter heiß und glänzend zu heben, auf Wellen dieser göttlichen Lebenslust, die Clarissa liebte. Tanzen, Reiten, das hatte sie hingerissen.)

Denn sie hätten seit Jahrhunderten getrennt sein können, sie und Peter; sie schrieb nie einen Brief, und seine waren knochentrocken; aber plötzlich konnte es sie überkommen, wenn er jetzt bei mir wäre, was würde er sagen? – manche Tage, manche Anblicke brachten ihn ihr zurück, ruhig, ohne die alte Bitterkeit; was vielleicht der Lohn dafür war, Leute gemocht zu haben; sie kamen mitten im St James's Park an einem schönen Morgen zurück – wirklich taten sie das. Aber Peter – wie wunderbar der Tag auch sein mochte, und die Bäume und das Gras und das kleine Mädchen in Rosa –, Peter sah nichts von all dem. Er würde seine Brille aufsetzen, wenn sie ihn dazu aufforderte; er würde hinsehen. Es war der Zustand der Welt, der ihn interessierte; Wagner, Popes Lyrik, immer und immer die Charaktere der Leute und die Mängel ihrer eigenen Seele. Wie er sie auszankte! Wie sie stritten! Sie werde einen Premierminister heiraten und ganz oben auf der Treppe stehen; die vollkommene Gastgeberin nannte er sie (sie hatte in ihrem Schlafzimmer Tränen darüber vergossen), sie habe das Zeug zur vollkommenen Gastgeberin, sagte er.

Sie fand sich also immer noch mit sich selbst streitend in St James's Park, immer noch befindend, daß sie recht gehabt hätte – und das hatte sie auch –, ihn nicht zu heiraten. Denn in der Ehe mußte es einen kleinen Freiraum, eine kleine Unabhängigkeit geben zwischen Leuten, die tagein, tagaus im selben Haus lebten; die Richard ihr gab, und sie ihm. (Wo war er an diesem Morgen, zum Beispiel? Ein Komitee, sie fragte nie, was für eins.) Aber mit Peter mußte alles geteilt werden; alles durchgesprochen werden. Und es war unerträglich, und als es zu dieser Szene in dem kleinen Garten bei dem Springbrunnen kam, mußte sie mit ihm brechen, oder sie wären zerstört worden, beide zugrundegerichtet, davon war sie überzeugt; obwohl sie jahrelang den Gram, die Pein, wie einen Pfeil, der in ihrem Herzen steckte, mit sich herumgetragen hatte; und dann das Entsetzen des Augenblicks, als jemand ihr bei einem Konzert erzählte, daß er eine Frau geheiratet habe, die er auf dem Schiff nach Indien kennengelernt habe! Niemals würde sie das alles vergessen. Kalt, herzlos, eine Spröde, nannte er sie. Niemals würde sie verstehen, wie sehr er liebe. Aber diese indischen Frauen taten es offenbar – alberne, hübsche, nichtige Dummerchen. Und sie verschwendete ihr Mitleid.

Denn er sei ganz glücklich, versicherte er ihr – vollkommen glücklich, obgleich er nichts von alledem je getan habe, wovon sie gesprochen hätten; sein ganzes Leben war ein einziges Versagen. Es machte sie immer noch wütend.

Sie hatte jetzt das Parktor erreicht. Sie stand einen Augenblick da und schaute auf die Omnibusse in Piccadilly.

Sie würde von niemandem auf der Welt jetzt sagen, er sei dies oder er sei das. Sie fühlte sich sehr jung; gleichzeitig unaussprechlich betagt. Sie schnitt wie ein Messer durch alles; war gleichzeitig außerhalb und sah zu. Sie hatte eine nicht endende Empfindung, während sie die Droschken beobachtete, draußen zu sein, draußen, weit draußen auf See, und allein; sie hatte immer das Gefühl, es sei sehr, sehr gefährlich, auch nur einen Tag zu leben. Nicht daß sie sich selbst für gescheit oder weit jenseits des Normalen hielt. Wie sie sich durchs Leben gebracht hatte mit Hilfe der wenigen Brocken von Wissen, die Fräulein Daniels ihnen gereicht hatte, konnte sie sich nicht vorstellen. Sie kann nichts; keine Sprache, keine Geschichte; sie las jetzt kaum einmal ein Buch, ausgenommen im Bett Memoiren; und doch nahm es sie vollkommen in Anspruch; all das; die vorbeifahrenden Droschken; und sie würde nicht von Peter, sie würde nicht von sich selbst sagen, ich bin dies, ich bin das.

Ihre einzige Begabung war es, dachte sie, beim Weitergehen, die Leute mehr oder minder instinktiv einzuschätzen. Wenn man sie mit jemand anderem in ein Zimmer steckte, würde sie einen Buckel machen wie eine Katze; oder schnurren. Devonshire House, Bath House, das Haus mit dem chinesischen Kakadu, sie hatte sie alle irgendwann einmal erleuchtet gesehen; und erinnerte sich an Sylvia, Fred,

Sally Seton – Leute haufenweis; und Tanzen die Nacht durch; und die Karren, die sich zum Markt hindurchmühten; und die Heimfahrt durch den Park. Sie erinnerte sich, wie sie einmal einen Shilling in den Serpentine geworfen hatte. Aber jedermann erinnerte sich; was sie liebte, war dies, hier, jetzt, vor ihr; die dicke Dame in der Droschke. Spielte es dann eine Rolle, fragte sie sich, Richtung Bond Street gehend, spielte es eine Rolle, daß sie unvermeidlich ganz und gar aufhören würde zu sein; all das mußte ohne sie weitergehen; bedauerte sie das; oder war es nicht tröstlich zu glauben, daß der Tod allem das absolute Ende setzte? aber daß sie irgendwie in den Straßen Londons, in der Ebbe und Flut der Dinge, hier, da, weiterlebte, Peter weiterlebte, einer im andern weiterlebte, da sie doch, und da war sie sicher, ein Teil der Bäume zu Hause war; des Hauses dort, häßlich, weitläufig sich windend in allen Ecken und Enden, wie es war; Teil der Leute, denen sie nie begegnet war; wie ein Nebel ausgestreckt zwischen den Leuten, die sie am besten kannte, die sie auf ihre Äste hoben, wie sie die Bäume den Nebel hatte heben sehen, aber es breitete sich ja so weit aus, ihr Leben, sie selbst. Aber wovon träumte sie, als sie in Hatchards Schaufenster blickte? Was versuchte sie wiederzufinden? Welches Bild von weißer Morgendämmerung auf dem Lande, als sie in dem aufgeschlagenen Buch las:

Fear no more the heat o' the sun
Nor the furious winter's rages.[1]

Dieses jüngste Zeitalter des Weltgeschehens hatte in ihnen allen, allen Männern und Frauen, einen Brunnen von Tränen gezeugt. Tränen und Kümmernissen; Mut und Ausdauer; eine vollkommen aufrechte und stoische Haltung. Denk, zum Beispiel, an die Frau, die sie am meisten bewunderte, Lady Bexborough, wie sie den Bazar eröffnete.

Da waren Jorrocks' *Jaunts and Jollities;* da war *Soapy Sponge* und Mrs Asquith's *Memoirs* und *Big Game Shooting in Nigeria,* alle aufgeschlagen. Noch so viele andere Bücher waren da; aber keins, das genau das richtige schien, um es Evelyn Whitbread in ihr Sanatorium mitzubringen. Nichts, das dazu dienen könnte, sie aufzuheitern und diese unbeschreiblich eingetrocknete kleine Frau, wenn Clarissa hereinkäme, für einen einzigen Augenblick herzlich aussehen zu machen; bevor sie sich dem üblichen endlosen Gespräch über Frauenleiden hingaben. Wie sehr sie danach verlangte – daß die Leute angetan aussähen, wenn sie hereinkam, dachte Clarissa und machte kehrt und ging zurück Richtung Bond Street, verdrossen, weil es albern war, fremde Gründe für das eigene Tun zu haben. Viel lieber wäre sie einer von denen wie Richard gewesen, die die Dinge um ihretwillen taten, wogegen sie, dachte sie, während sie an der Kreuzung wartete, meistens die Dinge nicht einfach so, nicht um ihretwillen tat; sondern um die Leute dies oder das glauben zu machen; vollkommener Schwachsinn, wußte sie (und jetzt hob der Schutzmann seine Hand), denn nie hatte sich jemand auch nur eine Sekunde lang täuschen lassen. Oh, wenn sie ihr Leben nur noch einmal von vorn beginnen könnte! dachte sie, als sie die Straße betrat, wenigstens anders aussehen könnte!

Vor allem wäre sie dann dunkelhaarig wie Lady Bexborough gewesen, mit einer Haut von genarbtem Leder und schönen Augen. Sie wäre, wie Lady Bexborough, bedächtig und stattlich gewesen; eher üppig; an Politik interessiert wie ein Mann; mit einem Landhaus; sehr würdig, sehr gradheraus. Stattdessen hatte sie eine schmächtige Bohnenstangen-Figur; ein lächerliches kleines Gesicht, schnabelförmig wie das eines Vogels. Daß sie auf sich achtete, stimmte; und hübsche Hände und Füße hatte; und gut angezogen war, in Anbetracht der Tatsache, daß sie wenig ausgab. Aber oft erschien ihr jetzt dieser Körper, den sie herumtrug (sie blieb stehen, um sich ein niederländisches Bild anzusehen), als nichts – überhaupt nichts. Sie hatte die absonderlichste Empfindung, unsichtbar zu sein; ungesehen; ungekannt; kein Heiraten mehr, kein Kinderkriegen mehr jetzt, sondern nur noch dieses erstaunliche und beinahe feierliche Fortschreiten mit all den andern, Bond Street hinauf, dieses Mrs Dalloway-Sein; nicht einmal mehr Clarissa; dieses Mrs Richard Dalloway-Sein.

Bond Street faszinierte sie; Bond Street früh am Morgen in der Hochsaison; ihre wehenden Flaggen; ihre Läden; kein Aufsehen; kein Glitzer; ein Tweedballen in dem Laden, in dem ihr Vater fünfzig Jahre lang seine Anzüge gekauft hatte; ein paar Perlen; Lachs auf einem Eisblock.

»Das ist alles«, sagte sie, ins Fischgeschäft blickend. »Das ist alles«, wiederholte sie, für einen Augenblick vor dem Schaufenster eines Handschuhladens verweilend, in dem man, vor dem Krieg, beinahe vollkommene Handschuhe kaufen konnte. Und ihr alter Onkel William pflegte zu sagen, eine Dame erkenne man an ihren Schuhen und ihren Handschuhen. Eines Morgens, mitten im Kriege, hatte er sich in seinem Bett umgedreht. Er hatte gesagt,

»mir reichts«. Handschuhe und Schuhe; sie hatte eine Leidenschaft für Handschuhe; aber ihre eigene Tochter, ihre Elizabeth, gab keinen Pfifferling für beides.

Keinen Pfifferling, dachte sie und ging die Bond Street weiter zu einem Laden, in dem man ihr Blumen fertig machte, wenn sie eine Gesellschaft gab. Elizabeth machte sich am meisten aus ihrem Hund. Das ganze Haus roch an diesem Morgen nach Teer. Immer noch lieber der arme Grizzle als Miss Kilman; lieber Staupe und Teer und alles sonst, als mit einem Gebetbuch eingesperrt in einem muffigen Zimmer sitzend! Lieber alles andere, lag ihr auf der Zunge. Aber es konnte ja auch bloß ein Stadium sein, wie Richard sagte, durch das alle Mädchen hindurchmüssen. Es könnte Verliebtheit sein. Aber warum in Miss Kilman? die allerdings ein schlechtes Leben gehabt hatte; darauf mußte man Rücksicht nehmen, und Richard sagte, sie sei sehr tüchtig, hätte wirklich Sinn für Geschichte. Auf jeden Fall waren sie unzertrennlich, und Elizabeth, ihre eigene Tochter, ging zum Abendmahl; und wie sie sich anzog, wie sie mit Leuten umging, die zum Lunch kamen, daran lag ihr nicht das geringste, da ihre Erfahrung ihr sagte, daß religiöse Überspanntheit die Leute dickfellig machte (ebenso wie eine gute Sache); ihr Fühlen abstumpfte, denn Miss Kilman würde alles für die Russen tun, hungerte für die Österreicher, aber unter vier Augen unterwarf sie einen regelrechten Martern, so fühllos war sie, gehüllt in ihren grünen Regenmantel. Jahrein, jahraus trug sie diesen Mantel; sie schwitzte; sie war keine fünf Minuten in einem Zimmer, ohne einen ihre Überlegenheit, deine Unterlegenheit fühlen zu lassen; wie arm sie sei; wie reich du seist; wie sie in einem Slum lebe ohne ein Kissen oder ein Bett oder einen Teppich oder was es auch sein mochte, ihre ganze Seele zerfressen von dem Gram, der in ihr steckte, ihre Entlassung aus dem Schuldienst während des Krieges – arme, verbitterte, unglückliche Kreatur! Denn es war nicht sie, die man haßte, sondern die Vorstellung von ihr, die zweifellos allerhand in sich aufgenommen hatte, was nicht Miss Kilman war; zu einem dieser Gespenster geworden war, mit denen man in der Nacht kämpft; einem dieser Gespenster, die rittlings über uns hocken und einem das halbe Lebensblut aussaugen, Despoten und Tyrannen; denn zweifellos, bei einem anderen Wurf des Würfels wäre das Schwarze oben gewesen und nicht das Weiße, sie hätte Miss Kilman geliebt! Aber nicht in dieser Welt. Nein.

Es verwundete sie, gleichwohl, wie dieses rohe Ungeheuer sich in ihr regte! Zweige knacken zu hören und Hufe sich in die Tiefen dieses laublastigen Waldes, der Seele, eindrücken zu fühlen; nie ganz zufrieden zu sein, oder ganz sicher, denn das Scheusal könnte sich jeden Augenblick regen, dieser Haß, der, besonders seit ihrer Krankheit, die Macht besaß, daß sie sich geschunden fühlte, am Rückgrat versehrt; ihr physischen Schmerz bereitete und alle Lust an Schönheit, an Freundschaft, an Wohlbefinden, am Geliebtwerden und am Schmücken ihres Heims schwanken, beben und zusammenfallen machte, als wühlte da wirklich ein Ungeheuer an den Wurzeln, als wäre die volle Rüstung der Zufriedenheit nichts als Eigenliebe! dieser Haß!

Unsinn! Unsinn! rief sie sich zu, durch die Schwingtür von Mulberrys Blumenladen drängend.

Sie trat ein, leicht, groß, sehr aufrecht, um sogleich von

der knopfgesichtigen Miss Pym begrüßt zu werden, deren Hände immer tiefrot waren, als hätten sie mit den Blumen in kaltem Wasser gestanden.

Da waren Blumen: Rittersporn, spanische Wicken, Fliedersträuße; und Nelken, Berge von Nelken. Da waren Rosen; da waren Schwertlilien. O ja – so atmete sie den gartenerdig süßen Duft ein, während sie da stand und mit Miss Pym sprach, die ihr Hilfe schuldig war und sie für gutherzig hielt, denn gutherzig war sie vor Jahren gewesen; sehr gutherzig, aber sie sah älter aus, dieses Jahr, wie sie ihren Kopf zwischen den Schwertlilien und Rosen und den nickenden Fliederdolden von einer Seite zur andern wandte, ihre Augen halb geschlossen, nach dem Straßengedröhn den köstlichen Duft, die auserlesene Kühle einschnüffelnd. Und dann, als sie ihre Augen öffnete, wie frisch, gleich gerüschtem Stoff, sauber aus der Wäscherei, auf Weidentabletts ausgebreitet, die Rosen aussahen; und dunkel und steif die roten Nelken, erhobenen Hauptes; und all die spanischen Wicken, weit gestreut in ihren Schalen, violett, schneeweiß, bleich getönt – als wäre es Abend und Mädchen in Musselinkleidern kämen heraus, um spanische Wicken und Rosen zu pflücken, nachdem der wunderbare Sommertag mit seinem nahezu blauschwarzen Himmel, seinem Rittersporn, seinen Nelken, seinen Callas zu Ende war; und es wäre der Augenblick zwischen sechs und sieben, wenn jede Blume – Rosen, Nelken, Schwertlilien, Flieder – aufglüht; weiß, violett, rot, tieforange; jede Blume scheint von allein zu brennen, sacht, rein, in den dunstigen Beeten; und wie sie die grauweißen Falter liebte, hin und her schwärmend über den Weidenröschen, über den Nachtkerzen!

Und als sie mit Miss Pym von Vase zu Vase zu gehen begann, aussuchend, sagte sie Unsinn, Unsinn, zu sich, mehr und mehr besänftigt, als ob diese Schönheit, dieser Duft, diese Farbe und Miss Pyms Zuneigung, ihr Zutrauen, eine Welle wäre, von der sie sich überspülen und diesen Haß, dieses Ungeheuer, all das überwältigen ließ; und es hob sie höher und höher, als – oh! ein Pistolenschuß draußen auf der Straße!

»Herrje, diese Automobile«, sagte Miss Pym und ging zum Fenster, um nachzusehen, und kam zurück, entschuldigend lächelnd, die Hände voller spanischer Wicken, als ob diese Automobile, diese Reifen der Automobile, alle *ihre* Schuld seien.

ANMERKUNGEN

1 Anfangsvers des Trauerwechselgesangs aus Shakespeares *Cymbeline*, der beim vermeintlichen Tod der als ›Fidele‹ verkleideten Imogen gesungen wird. Die Verse tauchen leitmotivisch immer wieder im Roman auf und verbinden Clarissa Dalloway mit Septimus Warren Smith:

Fear no more the heat o' th' sun,
Nor this furious winter's rages,
Thou thy worldly task has done,
Home art gone and ta'en thy wages.
Golden lads and girls all must,
As chimney-sweepers, come to dust.

Die Fortschrittliche Dame

Glauben Sie, wir könnten sie bitten, mitzukommen?«
fragte Fräulein Elsa, während sie ihre rote Schärpe
vor meinem Spiegel neu knotete. »Ich bin nämlich ganz
überzeugt, daß sie einen heimlichen Kummer hat, auch
wenn sie so intellektuell ist. Und heute früh, als Lisa mein
Zimmer aufräumte, hat sie mir erzählt, daß sie stundenlang
für sich allein dasitzt und schreibt, ja Lisa behauptet, sie
schreibe ein Buch! Deshalb hat sie vermutlich nie Lust, sich
mit uns abzugeben, und deshalb hat sie für ihren Mann und
das Kind sowenig Zeit!«

»Sie können sie ja fragen«, sagte ich. »Ich habe noch nie
mit der Dame gesprochen.«

Elsa wurde ein wenig rot. »Ich habe nur einmal mit ihr
gesprochen«, gestand sie. »Ich wollte einen Strauß Wiesen-
blumen in ihr Zimmer stellen, und sie kam an die Tür – mit
offenen Haaren und einem weißen Gewand. Ich werd's nie
vergessen! Sie nahm mir nur die Blumen ab, und dann hörte
ich sie, weil die Tür nicht richtig geschlossen war, wie sie auf
dem Flur hin- und herging und sagte: ›Reinheit! Duft! Duft
der Reinheit und Reinheit des Dufts!‹ Es war wundervoll!«

In diesem Augenblick klopfte Frau Kellermann an meine
Tür. »Sind Sie fertig?« fragte sie, kam in mein Zimmer und
nickte uns sehr freundlich zu. »Die Herren warten schon

auf der Treppe draußen, und ich habe die Fortschrittliche Dame gebeten, mitzukommen!«

»Oh, wie phantastisch!« rief Elsa. »Gerade in diesem Moment haben die gnädige Frau und ich überlegt, ob …«

»Ja, ich traf sie, als sie aus ihrem Zimmer kam, und sie sagte, sie fände den Gedanken entzückend. Sie ist noch nie in Schlingen gewesen, wie wir alle nicht. Jetzt ist sie unten und spricht mit Herrn Erchardt. Ich glaube, es wird ein reizender Nachmittag werden!«

»Wartet Fritzi auch?« fragte Elsa.

»Natürlich, liebes Kind – so ungeduldig wie ein hungriger Mann, der auf das Zeichen zum Mittagessen wartet. Laufen Sie nur!«

Elsa lief, und Frau Kellermann lächelte mir bedeutungsvoll zu. In der letzten Zeit hatten Frau Kellermann und ich nur selten miteinander gesprochen, vor allem wegen der Tatsache, daß es ›ihrer einzigen ihr verbliebenen Freude‹ – ihrem reizenden Karlchen – nicht gelungen war, gewisse mütterliche Gefühle, die als Funken sonder Zahl auf dem Altar jedes achtbaren Frauenherzens glimmen sollten, bei mir zur lodernden Flamme anzufachen; doch angesichts des geplanten gemeinsamen Ausflugs waren wir hinreißend nett miteinander.

»Für uns«, sagte sie, »ist es eine doppelte Freude! Wir können das Glück der beiden lieben Kinder miterleben – ich spreche von Elsa und Fritz. Gestern früh haben sie einen Brief von ihren Eltern erhalten, daß sie einverstanden seien. Es ist sehr sonderbar, aber sobald ich in der Gesellschaft von Jungverlobten bin, blühe ich auf. Jungverlobte Paare, junge Mütter mit ihrem ersten Kind und normale

Sterbebetten haben alle dieselbe Wirkung auf mich. – Wollen wir zu den andern gehen?«

Ich hätte sie gar zu gern gefragt, weshalb ›normale‹ Sterbebetten jemanden zum Aufblühen bringen können, sagte aber nur: »Ja, gehen wir!«

Auf der Treppe unsrer Pension wurden wir von der kleinen Gruppe von Kurgästen mit den bekannten, aufgeregten Freudenrufen begrüßt, die auch den harmlosesten deutschen Ausflug so liebenswürdig ankündigen. Herr Erchardt und ich waren uns bis dahin noch nicht begegnet, deshalb fragten wir einander – in Übereinstimmung mit genau festgelegten Pensionsgepflogenheiten –, wie lange wir in der letzten Nacht geschlafen hätten, ob wir angenehm geträumt hätten, wann wir aufgestanden seien, ob der Kaffee, als wir beim Frühstück erschienen, heiß gewesen sei, und wie wir den Vormittag verbracht hätten. Nachdem wir uns diese Stufenleiter fast nationaler Höflichkeit hinaufgemüht hatten, liefen wir triumphierend und lächelnd durchs Ziel und machten eine Pause, um Atem zu schöpfen.

»Und jetzt«, sagte Herr Erchardt, »habe ich eine freudige Überraschung für Sie! Die Frau Professor will sich uns heute Nachmittag anschließen!« Er nickte der Fortschrittlichen Dame leutselig zu: »Erlauben Sie mir, Sie miteinander bekannt zu machen!«

Wir verneigten uns sehr formell und musterten einander mit dem sattsam bekannten Adlerauge, das aber weit eher ein Merkmal der Frauen als der niemals Ärgernis erregenden Vögel ist. »Ich nehme an, daß Sie Engländerin sind?« sagte sie. Ich bestätigte es. »Ich lese gerade sehr viele englische Bücher – oder vielmehr, ich studiere sie.«

»Oh«, rief Herr Erchardt, »ist es zu glauben? Schon etwas Gemeinsames gefunden! Ich habe mich entschlossen, vor meinem Tode Shakespeare in seiner Muttersprache kennenzulernen – aber daß auch Sie, Frau Professor, bereits in diesen Bronnen englischen Geistes eingetaucht sind!«

»Nach dem, was ich gelesen habe«, entgegnete sie, »halte ich ihn nicht für einen sehr tiefen Bronnen!«

Er nickte verständnisinnig.

»Stimmt«, antwortete er, »das habe ich auch vernommen ...

Aber wir wollen unsrer kleinen englischen Freundin nicht den Ausflug vergällen. Wir können uns ein andermal darüber unterhalten.«

»Also wie ist's, sind wir bereit?« fragte Fritz, der am Fuß der Treppe stand und Elsas Ellbogen mit seiner Handmuschel stützte. Sofort entdeckte man, daß Karl abhandengekommen war.

»Ka-rell! Karl-chen!« riefen wir. Keine Antwort.

»Aber vor einer Minute war er noch hier«, sagte Herr Langen, ein müder, bleicher Jüngling, der sich von einem Nervenzusammenbruch infolge von zuviel Philosophie und zuwenig Essen erholte. »Hier hat er gesessen und mit einer Haarnadel das Getriebe aus seiner Uhr herausgestochert.«

Frau Kellermann fiel über ihn her: »Wollen Sie etwa behaupten, mein lieber Herr Langen, daß Sie dem Kind nicht Einhalt geboten haben?«

»Stimmt«, sagte Herr Langen. »Ich hab's früher schon versucht, ihm Einhalt zu gebieten.«

»Ja, das Kind hat eine unerhörte Energie; sein Gehirn kommt nie zur Ruhe. Wenn er nicht dies macht, dann macht er jenes!«

»Vielleicht hat er sich jetzt an die Eßzimmeruhr herangemacht«, meinte Herr Langen mit abscheulicher Vorfreude. Die Fortschrittliche Dame schlug vor, daß wir ohne ihn gehen sollten. »Ich nehme mein Töchterchen nie auf Ausflüge mit«, sagte sie. »Ich habe ihr angewöhnt, vom Augenblick an, wo ich ausgehe und bis ich wieder zurückkehre, ruhig in meinem Schlafzimmer zu sitzen.«

»Da ist er ja! Da ist er ja!« piepste Elsa, und alle beobachteten, wie Karl – sehr zum Schaden der Zweige – eine Kastanie hinunterrutschte.

»Ich habe gehört, was du über mich gesagt hast, Mumma«, bekannte er, während Frau Kellermann ihn abputzte. »Das mit der Uhr ist gar nicht wahr! Ich habe sie bloß angeschaut – und das kleine Mädchen bleibt nie im Schlafzimmer sitzen. Sie hat mir selber gesagt, daß sie immer in die Küche runtergeht, und …«

»Also das genügt jetzt«, sagte Frau Kellermann.

Wir marschierten *en masse* die Bahnhofstraße entlang. Es war ein sehr warmer Nachmittag, und dauernd riefen uns Gruppen andrer Kurgäste nach, die in den Pensionsgärten ihrer Verdauung mit etwas frischer Luft nachhalfen; sie fragten, ob wir spazierengehen wollten, und als wir unser Ziel, Schlingen, nannten, riefen sie mit ungeheurem, schlecht verhehltem Vergnügen: »Ach herrje! Gute Reise!«

»Das sind aber acht Kilometer!« schrie ein alter Mann mit weißem Bart, der sich gegen einen Zaun lehnte und sich mit einem gelben Taschentuch Luft zufächelte.

»Siebeneinhalb!« antwortete Herr Erchardt barsch.

»Acht!« brüllte der Weiße.

»Siebeneinhalb!«

»Acht!«

»Der Mann ist verrückt«, erklärte Herr Erchardt.

»Also gut, dann lassen Sie ihn in Frieden verrückt sein«, sagte ich und hielt mir die Ohren zu.

»Solche Unwissenheit darf man nicht unwidersprochen durchgehen lassen«, sagte er, kehrte uns den Rücken zu und hielt siebeneinhalb Finger hoch, denn er war zu abgekämpft, um noch länger zu schreien.

»Acht!« donnerte der Graubart mit jugendlicher Frische. Wir waren sehr ernüchtert und lebten erst wieder auf, als wir an einen weißen Wegweiser kamen, der uns ersuchte, die Landstraße zu verlassen und auf dem Feldweg weiterzugehen, ohne das Gras mehr als unbedingt nötig zu zertrampeln. Verdolmetscht bedeutete es: ›Im Gänsemarsch gehen‹, und das war für Elsa und Fritz niederschmetternd. Karl tollte voraus, glücklich, wie es Kinder sind, und köpfte mit dem Sonnenschirm seiner Mutter alle Blumen, die er erreichen konnte. Hinter ihm kamen die drei andern, dann ich, und die beiden Verliebten beschlossen den Zug. Und außer den Gesprächen der Vorausabteilung durfte ich folgendes köstliche Getuschel mitanhören: Fritz: »Liebst du mich?« Elsa: »Ja!« Fritz, leidenschaftlich: »Aber wie sehr?« Darauf entgegnete Elsa nichts weiter als: »Wie sehr liebst du mich denn?«

Fritz entging der wahrhaft menschenfreundlichen Falle, indem er sagte: »Ich habe dich zuerst gefragt!«

Es war so verwirrend, daß ich nach vorne ausbrach und

vor Frau Kellermann einherwanderte – in friedvollem Wissen, daß sie ›aufgeblüht‹ war und daß ich in keiner Weise verpflichtet war, selbst meine liebsten und nächsten Menschen über den genauen Grad meiner Zuneigung zu ihnen zu unterrichten. ›Mit welchem Recht stellen sie einander am Tage, nach dem sie Briefe mit dem Einverständnis ihrer Eltern erhalten haben, noch derartige Fragen? Mit welchem Recht stellen sie einander überhaupt derartige Fragen?‹ dachte ich. ›Durch Verlobung und Heirat wird eine Liebesaffäre zu einer durchaus bestätigten Angelegenheit – sie aber maßen sich die Vorrechte der ihnen Überlegenen und Einsichtigeren an.‹

Der Saum des Feldes schmiegte sich wie eine Halskrause an den riesigen Tannenwald, der sehr verlockend und kühl aussah. Ein neuer Wegweiser bat uns, den breiten Weg nach Schlingen einzuschlagen und Abfallpapier und Obstschalen in die zu diesem Zweck an den Bänken befestigten Drahtbehälter zu deponieren. Wir setzten uns auf die erste Bank, und Karl erforschte mit großer Wißbegier den Drahtbehälter.

»Ich liebe den Wald«, sagte die Fortschrittliche Dame und lächelte kläglich in die Luft. »In einem Wald scheint sich mein Haar sofort zu regen und sich seines unzivilisierten Ursprungs zu erinnern.«

»Aber auch wörtlich genommen«, sagte Frau Kellermann nach einer verständnisvollen Pause, »gibt es für die Kopfhaut bestimmt nichts Besseres als die Luft im Tannenwald!«

»Oh, Frau Kellermann«, sagte Elsa, »bitte zerstören Sie uns nicht die Magie!«

Die Fortschrittliche Dame blickte sie sehr wohlwollend

an. »Haben auch Sie das magische Herz der Natur entdeckt?« sagte sie.

Das war für Herrn Langen das gegebene Stichwort. »Die Natur hat kein Herz«, sagte er sehr bitter und ohne zu zögern, wie es Menschen tun, die unterernährt, aber mit Philosophie überfüttert sind. »Sie erschafft, damit sie zerstören kann. Sie verschlingt, damit sie ausspeien kann, und sie speit aus, damit sie verschlingen kann. Deshalb halten wir, die wir gezwungen sind, unter ihren trampelnden Füßen ein kümmerliches Dasein zu führen, die Welt für wahnsinnig und erkennen die mörderische Pöbelhaftigkeit der Erzeugung.«

»Junger Mann«, unterbrach ihn Herr Erchardt, »Sie haben nie gelebt und nie gelitten!«

»O Verzeihung, woher wollen Sie das wissen?«

»*Ich* weiß es, weil Sie es mir erzählt haben, und damit basta! Kommen Sie nach zehn Jahren wieder zu dieser Bank her und wiederholen Sie mir Ihre Worte«, sagte Frau Kellermann, einen Blick auf Fritz werfend, der sich mit leidenschaftlicher Inbrunst bemühte, Elsas Finger zu zählen, »und bringen Sie Ihre junge Frau mit und beobachten Sie vielleicht Ihr spielendes Kindchen …« Sie drehte sich zu Karl um, der eine alte Illustrierte aus dem Drahtkorb ausgegraben hatte und die Anzeige eines Mittels zur Erlangung eines ›prachtvollen Busens‹ buchstabierte.

Der Satz blieb unbeendet. Wir beschlossen weiterzugehen. Als wir tiefer in den Wald eindrangen, hoben sich unsere Lebensgeister und erklommen einen Punkt, wo sie – auf seiten der drei Herren – in ein Lied ausbrachen: »O Welt, wie bist du wunderbar!« –, dessen zweite Stimme gellend von Herrn Langen gehalten wurde, der sich völlig erfolglos bemühte, sie entsprechend seiner ›Weltanschauung‹ mit Ironie zu tränken. Sie schritten voraus und ließen uns – heiß und glücklich – hinterherzotteln.

»Jetzt ist die Gelegenheit da«, sagte Frau Kellermann. »Liebe Frau Professor, erzählen Sie uns ein wenig von Ihrem Buch!«

»Oh, woher wußten Sie, daß ich ein Buch schreibe?« rief sie neckisch.

»Elsa hat es von Lisa erfahren. Und ich persönlich bin noch nie einer Frau begegnet, die ein Buch schreibt. Wie machen Sie es nur, genug zusammenzubringen, um es aufzuschreiben?«

»Das ist nicht das Problem«, antwortete die Fortschrittliche Dame – sie nahm Elsas Arm und stützte sich darauf. »Das Problem ist, zu wissen, wann man aufhören muß. Mein Gehirn ist seit Jahren ein Bienenstock gewesen, und vor ungefähr drei Monaten sind die aufgestauten Gewässer über meine Seele hereingebrochen, und seither schreibe ich den ganzen Tag bis spät in die Nacht hinein und habe immer weiter meine Inspirationen und Gedanken, die mit ungeduldigen Schwingen mein Herz bedrängen.«

»Ist es ein Roman?« fragte Elsa scheu.

»Natürlich ist es ein Roman!« sagte ich.

»Wie können Sie das mit solcher Bestimmtheit behaupten?« fragte Frau Kellermann und faßte mich streng ins Auge.

»Weil nichts als ein Roman eine derartige Wirkung hervor rufen kann!«

»Ach, streiten Sie nicht!« sagte die Fortschrittliche Dame

anmutig. »Ja, es ist ein Roman. Über die moderne Frau. Denn mir scheint, es ist die Stunde der Frau. Er ist geheimnisvoll und beinah prophetisch, das Symbol der wahrhaft emanzipierten Frau. Sie ist keins von jenen wilden Geschöpfen, die ihr Geschlecht leugnen und ihre zerbrechlichen Schwingen unter ... unter ...«

»... dem englischen Schneiderkostüm ersticken?« half Frau Kellermann ihr.

»So wollte ich es nicht ausdrücken. Eher: unter der verlogenen Tracht falscher Männlichkeit!«

»Was für eine subtile Differenziertheit!« murmelte ich.

»Wen also«, fragte Fräulein Elsa und himmelte die Fortschrittliche Dame an, »wen halten Sie für eine wahre Frau?«

»Sie ist die Inkarnation der allumfassenden Liebe!«

»Aber meine liebe Frau Professor«, wandte Frau Kellermann ein, »Sie müssen bedenken, daß man heutzutage so selten Gelegenheit hat, im häuslichen Kreis Liebe zu entfalten! Der Ehemann ist den ganzen Tag im Geschäft und möchte natürlich schlafen, wenn er nach Hause kommt, und die Kinder sind einem vom Schoß gehüpft und in der Universität, bevor man sie auch nur die Spur mit Liebe überhäufen kann!«

»Aber Lieben ist nicht gleichbedeutend mit Überhäufen«, sagte die Fortschrittliche Dame. »Liebe ist die im Busen gehegte Lampe, und ihr stiller Strahl berührt alle Höhen und Tiefen des ...«

»... dunkelsten Afrika«, murmelte ich vorlaut.

Sie hörte es nicht.

»Der Fehler, den wir in der Vergangenheit gemacht haben – wir als geschlechtliche Wesen«, sagte sie, »besteht darin, nicht erkannt zu haben, daß unser Talent zu geben für die ganze Welt gemeint ist, wir sind die freudigen Opfergaben unser selbst!«

»Oh«, rief Elsa hingerissen und keuchte, beinah platzend vor Gebefreudigkeit, »wie ich das verstehe! Seit nämlich Fritz und ich verlobt sind, verzehrt mich der Wunsch, jedermann zu geben und an allem teilhaben zu lassen!«

»Wie furchtbar gefährlich!« sagte ich.

»Es ist nur die Schönheit der Gefahr – oder die Gefahr der Schönheit«, sagte die Fortschrittliche Dame, »und damit haben Sie den Leitgedanken meines Buches: daß die Frau nichts anderes als eine Gabe ist.«

Ich lächelte ihr ganz süß zu. »Ich würde nämlich auch gern ein Buch schreiben«, sagte ich, »ein Buch über die Ratsamkeit, sich um seine Töchter zu kümmern und sie an die frische Luft zu führen und sie von der Küche fernzuhalten!«

Ich glaube, das männliche Element muß diese zornigen Schwingungen gespürt haben: die Herren hörten auf zu singen, und gemeinsam verließen wir den Wald und sahen tief unter uns, in ein Nest aus Hügeln geschmiegt, die Ortschaft Schlingen mit ihren im Sonnenschein leuchtenden weißen Häusern. »Wie lauter Eier in einem Vogelnest!« meinte Herr Erchardt. Wir stiegen nach Schlingen hinunter und bestellten in der Wirtschaft ›Zum Goldenen Hirschen‹ saure Milch und frische Sahne und Brot. Es war eine sehr nette Wirtschaft mit Tischen in einem Rosengarten, wo Hühner und Küken aufgeregt herumliefen und sogar auf die nicht besetzten Tische flatterten und an den roten Karos der Tischdecken pickten. Wir brockten das Brot in die

Schüsselchen, gossen die Sahne darüber und rührten das Ganze mit flachen Holzlöffeln um, während der Wirt und seine Frau uns zuschauten.

»Herrliches Wetter!« rief Herr Erchardt, seinen Holzlöffel schwenkend, dem Wirt zu, doch der zuckte nur die Achseln.

»Wie? Nennen Sie's etwa nicht herrlich?«

»Wenn Sie so wollen«, antwortete der Wirt, der uns offenbar ablehnte.

»So ein himmlischer Spaziergang!« sagte Fräulein Elsa, und gebefreudig bedachte sie die Wirtin mit ihrem reizendsten Lächeln.

»Ich gehe nie spazieren«, sagte die Wirtin. »Wenn ich nach Mindelbau will, fährt mein Mann mich hin – ich hab' mit meinen Beinen Wichtigeres zu tun, als durch den Staub zu waten.«

»Mir gefallen diese Leute«, gestand mir Herr Langen. »Mir gefallen sie außerordentlich. Ich werde mir wohl hier für den ganzen Sommer ein Zimmer nehmen!«

»Warum?«

»Oh, weil sie der Erde so nah verbunden sind und sie deshalb verachten.«

Er schob sein Schüsselchen Sauermilch von sich weg und zündete sich eine Zigarette an. Wir aßen reichlich und ernst, bis sich die siebeneinhalb Kilometer nach Mindelbau wie eine Ewigkeit vor uns ausdehnten. Sogar Karl mit seinem Ungestüm war so gesättigt, daß er sich auf die Erde legte und seinen Ledergürtel abschnallte.

Elsa beugte sich plötzlich zu Fritz hinüber und flüsterte ihm etwas zu, und nachdem er sie bis zu Ende angehört und sie dann gefragt hatte, ob sie ihn liebe, stand er auf und hielt eine kleine Ansprache.

»Wir ... wir möchten unsre Verlobung mit einer Einladung an Sie alle feiern, mit uns im Wagen des Wirts heimzufahren – falls – falls wir alle hineinpassen.«

»Oh, was für ein wunderbarer, nobler Einfall!« rief Frau Kellermann und stieß einen Seufzer der Erleichterung aus, der zwei ihrer Korsetthaken hörbar sprengte.

»Das ist meine kleine Gabe«, sagte Elsa zu der Fortschrittlichen Dame, die beinah Tränen der Dankbarkeit vergoß, denn sie hatte drei Portionen gegessen.

In den Bauernwagen gezwängt und vom Wirt kutschiert, der seine Verachtung für Mutter Erde durch gelegentliches heftiges Ausspucken zu erkennen gab, ruckelten wir wieder nach Hause, und je mehr wir uns Mindelbau näherten, desto mehr liebten wir es und uns.

»Derartige Ausflüge müssen wir noch oft unternehmen«, sagte Herr Erchardt zu mir, »denn im Freien, in der einfachen, ländlichen Umgebung lernt man bestimmt die Menschen kennen – man teilt die gleichen Freuden – man hat freundschaftliche Gefühle. Wie sagt doch Ihr Shakespeare? Einen Augenblick, ich habe es gleich! ›Die Freunde, die du besitzt und deren Anhänglichkeit du erprobt hast, die schmiede an deine Seele mit Reifen wie aus Stahl!‹«

»Aber«, wandte ich ein und hegte dabei sehr freundliche Gefühle für ihn, »das Dumme mit meiner Seele ist, daß sie sich weigert, überhaupt irgend jemanden an sich zu schmieden. und ich bin überzeugt, daß die schwere Last eines Freundes, dessen Anhänglichkeit sie erprobt hat, sie umgehend töten würde. Sie hat noch nie das leiseste Anzeichen eines Reifens gezeigt!«

Er stieß gegen meine Knie und bat für sich selbst und für den Wagen um Entschuldigung.

»Meine liebe junge Dame, Sie dürfen das Zitat nicht wörtlich auffassen! Selbstverständlich ist man sich der Reifen nicht körperlich bewußt – doch Reifen sind vorhanden in der Seele des- oder derjenigen, die ihre Mitmenschen lieben ... Nehmen Sie zum Beispiel den heutigen Nachmittag! Wie machten wir uns auf den Weg? Als Fremde, könnte man sagen, und doch – wir alle –, wie sind wir nach Hause gekommen?«

»In einem Ackerwagen!« rief ›die einzige noch verbliebene Freude‹, seekrank auf dem Schoß seiner Mutter sitzend.

Wir fuhren am Rand des Feldes entlang, das wir zu Fuß durchquert hatten, und kamen am Friedhof vorbei. Herr Langen beugte sich über seinen Sitz hinaus und grüßte die Gräber. Er saß neben der Fortschrittlichen Dame – im Schutz ihrer Schulter.

Ich hörte sie murmeln. »Wenn Ihre Haare so im Wind wehen, sehen Sie wie ein kleiner Junge aus.« Herr Langen, nun etwas weniger bitter, sah die letzten Gräber aus seinem Blickfeld entschwinden. Und ich hörte sie murmeln. »Warum sind Sie so traurig? Auch ich bin manchmal sehr traurig, aber – Sie sind ja jung genug, daß ich dergleichen zu sagen wage – ich weiß auch um viel Freude!«

»Was wissen Sie?« sagte er.

Ich lehnte mich vor und berührte die Hand der Fortschrittlichen Dame.

»Ist es nicht ein netter Nachmittag gewesen?« sagte ich herausfordernd. »Aber wissen Sie, diese Theorie da, die Sie über Frauen und die Liebe aufgestellt haben – die ist so alt wie Methusalem – ach was, noch älter!«

Von der Straße ertönte plötzlich Triumphgeschrei. Ja, da war er wieder, weißer Bart, seidenes Taschentuch und unbezwingliche Begeisterung.

»Was habe ich gesagt? Acht Kilometer – und so ist es!«

»Siebeneinhalb!« kreischte Herr Erchardt.

»Warum kehren Sie dann auf einem Ackerwagen zurück? Acht Kilometer, und dabei bleibt's!«

Herr Erchardt machte ein Sprachrohr aus seinen Händen und stand im rüttelnden Wagen aufrecht da, während Frau Kellermann seine Knie umklammerte. »Siebeneinhalb!«

»Unwissenheit darf nicht unwidersprochen bleiben«, sagte ich zu der Fortschrittlichen Dame.

FRANZ KAFKA

Der plötzliche Spaziergang

Wenn man sich am Abend endgültig entschlossen zu haben scheint, zu Hause zu bleiben, den Hausrock angezogen hat, nach dem Nachtmahl beim beleuchteten Tische sitzt und jene Arbeit oder jenes Spiel vorgenommen hat, nach dessen Beendigung man gewohnheitsgemäß schlafen geht, wenn draußen ein unfreundliches Wetter ist, welches das Zuhausebleiben selbstverständlich macht, wenn man jetzt auch schon so lange bei Tisch stillgehalten hat, daß das Weggehen allgemeines Erstaunen hervorrufen müßte, wenn nun auch schon das Treppenhaus dunkel und das Haustor gesperrt ist, und wenn man nun trotz alledem in einem plötzlichen Unbehagen aufsteht, den Rock wechselt, sofort straßenmäßig angezogen erscheint, weggehen zu müssen erklärt, es nach kurzem Abschied auch tut, je nach der Schnelligkeit, mit der man die Wohnungstür zuschlägt, mehr oder weniger Ärger zu hinterlassen glaubt, wenn man sich auf der Gasse wiederfindet, mit Gliedern, die diese schon unerwartete Freiheit, die man ihnen verschafft hat, mit besonderer Beweglichkeit beantworten, wenn man durch diesen einen Entschluß alle Entschlußfähigkeit in sich gesammelt fühlt, wenn man mit größerer als der gewöhnlichen Bedeutung erkennt, daß man ja mehr Kraft als Bedürfnis hat, die schnellste Veränderung leicht zu bewirken und zu ertragen, und wenn man so die langen Gassen hinläuft, – dann ist man für diesen Abend gänzlich aus seiner Familie ausgetreten, die ins Wesenlose abschwenkt, während man selbst, ganz fest, schwarz vor Umrissenheit, hinten die Schenkel schlagend, sich zu seiner wahren Gestalt erhebt. Verstärkt wird alles noch, wenn man zu dieser späten Abendzeit einen Freund aufsucht, um nachzusehen, wie es ihm geht.

Am Eisbach

Drei Jungs liegen auf dem Bauch im Gras, ein Bier in der Hand, alle drei tragen dunkle Brillen, in denen sie sich gegenseitig spiegeln. Drei vielleicht vierzehnjährige Mädchen treiben in regenbogenfarbenen Einhornschwimmreifen auf dem Eisbach vorbei, sie kreischen, und die drei Spiegelbrillen wenden langsam die Köpfe. Ein Vater hält im Wasser sein kleines Kind an der einen Hand, mit der anderen telefoniert er. Hochgekrempelte gute Hosen und ein weißes Oberhemd. Neben ihm stehen ältere Damen in schlottrigen Badeanzügen im Wasser und kühlen sich die Beine. Eine Gruppe junger Spanier schleppt Bierkästen vorbei. Eine Eisverkäuferin in einem blauen Dirndl sitzt im Schatten hinter ihrem Eismobil und schaut mürrisch. Ein weißer Spitz kläfft sie an. Auf dem Rasen übt eine Capoeiragruppe mit seltsamen bogenförmigen Instrumenten komplizierte Bewegungen. Drei ältere afrikanische Herren in Anzügen schlendern vorbei, alle tragen Herrenhandtaschen. Ein Vater wirft immer wieder ein Frisbee ins Wasser und springt ihm hinterher, am Ufer ruft sein Kind aufgeregt, es hat Angst, dass der Vater das Frisbee nicht mehr erwischt, aber er schafft es jedes Mal. Zwei Frauen lassen kichernd ein zu schlapp aufgeblasenes Schlauchboot ins Wasser. Ein wenig weiter warten ihre Freunde, sie haben das Bier im Bach geparkt. Die Frauen steigen ins wacklige Boot und gehen fast unter. Ein junges Paar vermietet grüne Sonnenstühle mit dem Aufdruck »Sonnendiebe«. Die drei Einhornmädchen schleppen ihre Schwimmreifen zurück zur Einstiegsstelle. Vorsichtig setzen sie einen Fuß vor den anderen über die spitzen Kieselsteine. Eine Ente schwimmt rasend schnell vorbei, verfolgt von zwei Erpeln. Eine arabische Familie auf Fahrrädern fährt schwankend in Zickzacklinien, sie halten vor der Eisverkäuferin, hantieren mit Eis, Geld und Fahrradlenkern und kommen dabei gefährlich ins Wanken. Eine Waffel fällt zu Boden, ein zottiger weißer Hund kommt angerannt und schleckt das Eis auf. Ein nacktes Baby kriecht durchs Gras und wird von seiner Mutter wieder eingefangen. Ein schwarzer Hund kommt aus dem Wasser und schüttelt sich. Die Mutter des Babys beschwert sich bei der Hundebesitzerin, die so tut, als verstünde sie kein Wort. Ein Inder steht auf der Wiese, schreit laut in sein Handy und bewegt sich nicht vom Fleck. Dem Tonfall nach scheint er in einen komplizierten Streit verwickelt zu sein. Die drei Einhornmädchen lassen ihre Schwimmreifen abermals ins Wasser, die Jungs mit den Spiegelbrillen wenden sich ihnen synchron zu und wieder ab. In einer Sonnenliege der Sonnendiebe liegt ein Mann in Badehose mit silbernem MacBook auf dem Schoß. Der Inder schreit weiter in sein Telefon. Ein Mann in Bermudas, an der Leine einen Dackel, sagt zu seiner Freundin: Ich werde einfach keine Steuern mehr zahlen.

Schreiben ohne Ehrgeiz, ohne Ziel. Nur notieren und sich so des eigenen Lebens vergewissern. Mehr ist es oft nicht.

Durch das Schreiben fühlt man sich wieder in der Welt zu Hause. Man nimmt Kontakt mit ihr auf, fliegt nicht melancholisch davon, sondern sitzt mit dem Hintern im Rasen unter allen anderen. Mit oder ohne Einhornschwimmreifen.

Die zweite Übung: flanieren und notieren. Von einem Ort zum anderen wandern, anhalten, zehn Minuten schreiben, weitergehen. Ich bezeichne mich als Flaneuse. Nicht Fritteuse, sondern Flaneuse. Das war immer eine Männerbeschäftigung: die Welt durchstreifen, sie betrachten und über sie berichten, während die Frauen zu Hause die Unterhosen der Flaneure wuschen, Socken stopften und auf sie warteten. Aber nicht alles muss man umdrehen. Ich stopfe meine Socken selbst. Stimmt gar nicht. Ich stopfe nur Mottenlöcher in meinem Lieblingspullover.

Wenn das Wetter zu schlecht ist, um draußen zu flanieren, flaniere durch deine Wohnung. Schreib über jeden Gegenstand, der dir begegnet.

TEJU COLE

Open City

Als ich am folgenden Tag zu einer Lyriklesung im 92Y
Community Center ging, nahm ich wieder den Um-
weg durch den Park, wo die Blätter in strahlenden Farben
ihr Leben ließen und inmitten der Laubmassen die Weiß-
kehlammern ihre Lockrufe ausstießen, um dann abwartend
zu lauschen. Es hatte zuvor geregnet, und die zerklüfteten
Wolken schoben sich gegeneinander, durchbrochen von
Sonnenstrahlen. Die Zweige der Ahorne und Ulmen reg-
ten sich nicht. Der schwebende Bienenschwarm über einer
Buchsbaumhecke erinnerte mich an gewisse Yoruba-Bei-
namen für Olodumare, den höchsten Gott: Der-wie-eine-
Bienenwolke-im-Himmel-sitzt,   Der-Blut-in-Kinder-ver-
wandelt.

Der Regen hatte viele von ihrem üblichen Feierabend-
sport abgehalten, der Park war fast menschenleer. Ich fand
ein Gewölbe, das von zwei hohen Felsen umschlossen war,
lief hinein und setzte mich, wie von unsichtbarer Hand
geführt, auf einen Schotterhaufen. Ich streckte meine Beine
von mir, legte den Kopf an die Felswand und drückte meine
Wange gegen den klammen, rauen Stein. Aus der Ferne
musste ich ein absurdes Bild abgegeben haben. Über dem
Buchsbaum hob die Bienenwolke ab und verschwand in
einem Baum. Nach einigen Minuten konnte ich wieder nor-

mal atmen, und das Dröhnen in meiner Brust hörte auf. Ich stand langsam auf und machte einen Ansatz, meine Kleider abzuputzen, wischte Grasreste und Schmutz von meiner Hose und meinem Pulli und rieb Erdflecken aus meinen Handflächen. Die Dunkelheit schob das letzte Licht vom Himmel, nur zwischen den Gebäuden im Westen sickerte noch etwas Blau hindurch.

Im entfernten Rumoren der Stadt nahm ich eine Veränderung wahr: Es war Feierabendzeit. Die Leute fuhren nach Hause oder begannen die Nachtschicht, in Tausenden Restaurants wurde gekocht, und aus den Fenstern der Apartments schimmerte weiches, gelbes Licht. Ich eilte aus dem Park, überquerte die Fifth Avenue, dann Madison und Park Avenue und erreichte schließlich den Vortragssaal an der Lexington Avenue. Als alle ihren Platz gefunden hatten, wurde der Dichter vorgestellt. Es war ein Pole, braun und grau gekleidet, und trotz seines relativ jungen Alters bildeten seine Haare bereits einen strahlend weißen Heiligenschein. Unter Applaus schritt er zum Rednerpult und sagte: Heute möchte ich nicht über Poesie sprechen, sondern, wenn Sie einem Dichter diese Freiheit gestatten, über die Verfolgung von Andersdenkenden. Wie können wir die Ursachen von Verfolgung begreifen, insbesondere wenn sie sich gegen eine Volksgruppe oder Rasse oder kulturelle Minderheit richtet? Ich möchte Ihnen eine Geschichte erzählen. Sein Englisch war fließend, aber der starke Akzent, die ausgedehnten Vokale und die rollenden Rs brachten seinen Redefluss immer wieder zum Stocken, als würde er jeden Satz erst im Geiste übersetzen, bevor er ihn aussprach. Er blickte in den vollen Saal hinein, sah jeden und niemanden Bestimmtes an, und seine Brillengläser reflektierten das Scheinwerferlicht, als hätte er weiße Augenklappen.

Später in derselben Woche, am Ende eines schwierigen Tages mit den stationären Patienten, an einem jener Tage, an denen mir das Neonlicht greller als sonst erschien und die Schreibtischarbeit und der Smalltalk mich gereizt machten, befiel mich erneut diese bleierne Stimmung und setzte sich dieses Mal fest. Die Psychiatrieausbildung steht im Ruf, weniger brutal zu sein als andere Facharztausbildungen, und das war grundsätzlich auch mein Eindruck, trotzdem hatte sie ihre eigenen Herausforderungen. Bisweilen vermissen Psychiater die sauberen Lösungen, derer sich Chirurgen und Pathologen erfreuen, und die Notwendigkeit, sich auf jede Sitzung mit einem Patienten aufs Neue mental einzustimmen, kann sehr anstrengend sein. Das Einzige, woran ich mich festhielt, wenn ich stundenlang Bereitschaftsdienst hatte oder im Büro saß, war im Grunde das Vertrauen der Patienten, ihre Bedürftigkeit und ihre Hoffnung, dass ich ihnen helfen konnte.

Wenigstens dachte ich nicht mehr stundenlang über jeden Patienten nach wie in meiner Anfangsphase im Krankenhaus. Meistens konnte ich bis zum nächsten Termin abschalten; bei der Visite musste ich sogar häufig einen Blick in die Patientenakte werfen, um mir die Grundzüge eines Falles in Erinnerung zu rufen. M. war also insofern eine Ausnahme, als ich auch außerhalb des medizinischen Umfelds an ihn dachte: Wie V. gehörte er zu den wenigen Patienten, die ich auch dann nicht aus meinen Gedanken verbannen konnte, wenn ich das Krankenhaus verließ. M.

war zweiunddreißig, frisch geschieden und litt an Wahn-
vorstellungen. An schlechten Tagen schienen seine Medikamente fast gar nicht anzuschlagen.

Eine Vorahnung von Winter lag in der Luft, als ich den
Broadway überquerte und für einen Moment von den gelben Augen der Autos fixiert wurde, die dicht aufgereiht vor
der roten Ampel hockten. Es war kurz nach fünf, und es
wurde jetzt schnell dunkel. Die Gebäude des Krankenhaus-
komplexes standen Schulter an Schulter vor dem dunkel-
grauen Himmel, und die Passanten trugen gefütterte Jacken
und Strickmützen. An der 168. Straße stieg ich in eine über-
füllte Bahn der Linie 1 in Richtung Süden. Ich war so vertieft
in meine Gedanken an die Sitzung mit M., dass ich an der
116. Straße nur zuschaute, wie sich die Türen öffneten, offen
standen und sich dann wieder schlossen. Der Zug entfernte
sich von meiner Station, und ich versuchte mir darüber klar
zu werden, was passiert war. Ich hatte nicht geschlafen.
Schließlich kam ich zu dem Schluss, dass ich absichtlich sitzen geblieben war, wenn auch unbewusst absichtlich. Das
wurde beim nächsten Halt bestätigt, als ich es erneut ver-
säumte, auszusteigen. Ich saß da, als würde ich mich selbst
beobachten und interessiert abwarten, was als Nächstes
passierte. Alle Leute im Wagen hatten etwas Schwarzes
oder Dunkelgraues an. Eine ungewöhnlich große Frau, ein
Meter achtzig oder größer, trug eine schwarze Jacke über
einem langen, schwarzen Faltenrock und ebenso schwarze,
kniehohe Stiefel, und der Effekt von Tiefe im Spiel der verschiedenen Stofflagen ließ mich an den virtuosen Umgang
mit übereinandergeschichteten Schwarztönen in Gemälden
von Velázquez denken. Das Schwarz ihrer Kleidung ver-

tiefte die Schatten ihres ohnehin blassen und verhärmten Gesichts. Keiner sagte etwas, keiner kannte einen der anderen Mitfahrer. Nur das Rattern des Zuges, dem wir gemeinsam lauschten, verband uns. Das Licht war matt. Mir wurde klar, dass ich nicht mehr nach Hause unterwegs war.

An der 96. Straße wechselte ich in den Expresszug der Linie 2, der im selben Moment einfuhr. Dieser Wagen war hell erleuchtet. Mir gegenüber saß ein Mann in einem kürbisfarbenen Jackett, neben ihm eine Frau mit himmelblauer Skijacke und gestreiften Handschuhen. Einige Leute unterhielten sich, weder ihre Worte noch ihr Verhalten waren übermäßig laut, aber laut genug, dass mir auffiel, wie düster die Stimmung in der anderen Bahn gewesen war. Vielleicht machte es die Helligkeit leichter, sich zu öffnen. Der Mann rechts von mir war in Octavia Butlers Roman *Kindred* vertieft, ein Mann mit rostroten Haaren rechts von ihm las vornübergebeugt im *Wall Street Journal.* Er hatte einen irgendwie wahnsinnigen Gesichtsausdruck, wie die dämonische Fratze eines Wasserspeiers, doch als er sich aufrichtete, offenbarte er ein attraktives Profil. An der 42. Straße stieg ein Mann im Nadelstreifenanzug ein, in der Hand ein Buch mit dem Titel *You've* GOT *to Read this Book!* Er stellte sich neben die Sitzbänke und betrachtete einen Fleck auf dem Boden. Eine ganze Weile stand er so da und starrte den Fleck an. Das Buch hielt er aufgeschlagen in der Hand, aber er las nicht darin. Als er an der Fulton Street ausstieg, klappte er das Buch zu und steckte einen Finger dazwischen. An der Wall Street stiegen noch mehr Leute ein, wahrscheinlich allesamt Angestellte im Finanzsektor, doch niemand stieg aus. Bevor sich die Türen schlossen, sprang ich auf und schlüpfte hindurch. Hinter mir rasselten die Schiebetüren ineinander. Ich blieb allein auf dem Bahnsteig zurück, während meine Gedanken noch um die verschiedenen in sich versunkenen Stadtbewohner kreisten.

Ich nahm den Aufzug nach oben, und als ich im Zwischengeschoss ausstieg, hob ich meinen Blick empor zu der weißen, aus mehreren Gewölben zusammengesetzten Decke, die sich nach und nach über mir offenbarte, wie eine bewegliche Kuppel, die sich gerade schloss. In dieser Station war ich noch nie gewesen, und es überraschte mich, dass sie so kunstvoll konstruiert war. Ich hätte in dieser Gegend banale Durchschnittsarchitektur erwartet, gekachelte Tunnel und enge Ausgänge. Zuerst traute ich meinen Augen nicht und dachte, die große Halle, die sich vor meinen Augen geöffnet hatte, wäre eine optische Täuschung. Längs der Halle verliefen zwei Säulenreihen, die jeweils an Glastüren endeten. Das Glas, die weiße Farbgebung und die vielen hohen Topfpalmen unter den Säulen verliehen der Halle den Charakter eines Atriums oder Gewächshauses. Die Dreiteilung des Raumes jedoch, der breitere Mittelgang und die beiden schmaleren zu beiden Seiten, ähnelte eher einer Kathedrale. Das Gewölbe verstärkte diesen Eindruck noch, und mir kam der opulente Stil englischer Gotik in den Sinn, die Abteikirche von Bath und die Kathedrale von Winchester, wo die Stützpfeiler und die Kolonnaden wie Fontänen ins Gewölbe schossen. Der Bahnhof vermochte das Maßwerk solcher Kirchen natürlich nicht nachzubilden; stattdessen imitierte das Gewölbe den Effekt mithilfe einer gewebe- oder schachbrettartigen Oberfläche und dem übermäßigen Einsatz weißen Kunststoffs.

Mein anfänglicher Eindruck von der Erhabenheit des Raumes veränderte sich, als ich die Halle durchschritt. Die Säulen sahen nun aus, als wären sie aus Plastikstühlen recycelt und die Decke sorgfältig aus weißen LEGO-Steinen zusammengesteckt worden. Die einsamen Palmen in ihren Töpfen und die vereinzelten Grüppchen, die unter dem rechten Seitenschiff saßen, verstärkten das Gefühl, mich in einem großen Modellbau zu befinden. Die kahle Halle ließ die Stimmen der wenigen Anwesenden im geschlossenen Raum widerhallen. Ich stellte mir vor, wie sich die Szenerie mitten an einem Werktag darstellen würde. Jetzt, zu vorgerückter Stunde, spielten insgesamt zehn Männer, alles Schwarze, paarweise an kleinen runden Tischen Backgammon. Auf der anderen Seite der Halle, unter dem linken Seitenschiff, gab es noch ein Paar, das Schach spielte, beide weiß. Ich gesellte mich zu den Backgammon-Spielern. Die meisten waren im mittleren Alter, und ihre matten, starren Blicke und langsamen Bewegungen trugen nicht gerade dazu bei, meinen Eindruck zu zerstreuen, ich befände mich unter lebensgroßen Schaufensterpuppen. Als ich wieder zur Mitte des beinahe menschenleeren Hauptganges zurücklief, eilte gerade ein einzelner Mann zu den U-Bahn-Aufzügen und ließ seine Aktentasche fallen. Mit lautem Klappern fiel sie zu Boden. Er sank auf die Knie und sammelte den Inhalt auf. Sein übergroßer, mausgrauer Trenchcoat stülpte sich über ihn wie ein viktorianisches Kleid.

Ich nahm den Ausgang zur Wall Street. Draußen rannten die Menschen hin und her, hingen an ihren Handys, waren vermutlich auf dem Weg nach Hause, aber es war kein Verkehrslärm zu hören. Der Grund wurde sofort klar, als ich die Absperrungen an beiden Enden des Straßenabschnittes sah, vielleicht aus Sicherheitsgründen oder wegen laufender Bauarbeiten. Wall Street war von meinem Standpunkt Ecke William Street bis hinunter zum Broadway, also über mehrere Blocks hinweg, für den Autoverkehr gesperrt und in eine Fußgängerzone verwandelt worden. Nur Stimmen und das Klackern von Absätzen auf dem Bürgersteig waren zu hören. Ich ging Richtung Westen. An einem Falafelstand an der Ecke standen ein paar Leute, andere liefen vorüber, einzeln, paarweise oder zu dritt. Ich sah schwarze Frauen in anthrazitgrauen Kostümen und junge, glatt rasierte Amerikaner indischer Herkunft. Gleich hinter der Federal Hall kam ich an der Glasfassade des New York Sports Club vorbei. Im hell erleuchteten Innenraum hinter der Glasfront standen in einer Reihe die Hometrainer, auf denen Männer und Frauen in Elastan schweigend vor sich hin strampelten und auf die Pendler in der Dämmerung blickten.

In der Nähe der Nassau Street stand ein Mann mit Halstuch und Fedora vor einer Staffelei und malte die Stock Exchange im Grisaille-Stil, ganz in Grau, auf eine große Leinwand. Ein Stapel fertiger Gemälde, alles Grisaille-Bilder desselben Gebäudes aus verschiedenen Perspektiven, lag zu seinen Füßen. Ich sah ihm eine Weile zu, wie er seinen Pinsel präparierte und mit behutsamen Gesten weiße Farbe auftupfte, um die Akanthusfriese an den wuchtigen korinthischen Säulen des Gebäudes hervorzuheben. Seinem Blick folgend betrachtete ich das Gebäude genauer und sah, dass es mit einer Scheinwerferreihe von unten gelb beleuchtet wurde und frei zu schweben schien.

Ich lief weiter, ließ die Broad Street und die New Street hinter mir, kam an einem anderen Fitnessstudio namens Equinox vorbei, aus dem ebenfalls eine Reihe dicht gestaffelter Trainierender auf die Straße starrte. Schließlich erreichte ich am Ende der Wall Street den Broadway, wo sich die Ostfassade der Trinity Church befand. Der an der Kreuzung schlagartig aufbrausende Verkehr ließ mich kurz aufschrecken. Ich überquerte die Straße und lief zum Kircheneingang, irgendwie hatte ich den Impuls, für M. zu beten. Er war schon länger krank, aber seit seiner Scheidung vor einigen Monaten war es steil bergab gegangen mit ihm. Der Wahn hatte ihn nun ganz im Griff, und wenn er sprach, dann unter derartigen Qualen, als würden sich seine vehement hervorgebrachten Sätze gegenseitig aus den bedrängten Höhlen seines Kopfes jagen.

Ich mache ihr keine Vorwürfe, hatte er am Nachmittag zu mir gesagt, jede Frau würde dasselbe tun, ich hab's vermasselt, ich hab's vermasselt. Ich hätte besser aufpassen müssen. Ich finde das alles nicht lustig, aber ich kann mir vorstellen, dass es auf andere so wirkt. Ich kann mir vorstellen, dass die Leute es lustig finden, wie ich leide. Ich tue alles für die, aber die finden es nur lustig, wie ich leide. Trotzdem, ich muss Verantwortung zeigen, mehr Disziplin, noch mehr Disziplin, wenn ich mich früher mehr angestrengt hätte, wäre ich noch verheiratet. Ich mache ihr keine Vorwürfe und auch sonst niemandem, die können alle tun und lassen, was sie wollen, aber ich muss Verantwortung für die Welt übernehmen, und keiner von denen weiß, wie sich das anfühlt. Wenn ich nicht alles richtig organisiere, wird alles kaputtgehen. Verstehen Sie das? Ich sage nicht, dass ich Gott bin, aber ich weiß, wie es sich anfühlt, die Welt zu tragen. Ich fühle mich wie der kleine Junge in dieser Geschichte, der mit seinem Finger den Damm abdichten muss, um das Land zu retten, keine große Sache, aber man muss sich so konzentrieren. Alles hängt davon ab, es ist so schwer zu beschreiben, und ich wünschte, ich müsste diese Bürde nicht tragen, diese Bürde, die wie Gottes Bürde ist, aber einem beliebigen Menschen aufgehalst wurde. Doktor, verstehen Sie, was ich meine?

Das vordere Eingangstor der Kirche war abgeschlossen. Ich lief am Geländer entlang nordwärts, und als ich dort auch keinen Eingang finden konnte, lief ich in die entgegengesetzte Richtung. Zu beiden Seiten der Kirche erstreckte sich ein großer Friedhof mit weißen und schwarzen Grabsteinen und einigen Grabmälern. Ich las die Inschrift auf Alexander Hamiltons Grabmal: *The Patriot of incorruptible Integrity / The Soldier of approved Valour / The Statesman of consummate Wisdom / whose Talents and Virtues will be admired.* Dann das Datum – der 12. Juli 1804 – und sein Alter, siebenundvierzig. Hamilton, der tatsächlich neunundvierzig war, als er der Wunde einer einzigen Gewehrkugel erlag, die ihn im Duell mit Aaron Burr traf, war nicht die einzige Berühmtheit, die auf dem Trinity-Friedhof begraben lag. Andere Grabsteine gedachten John Jacob Astors, Robert Fultons und des Abolitionisten George Templeton Strong, dessen Memoiren über das Stadtleben im späten 19. Jahrhundert ich einmal im Bücherregal meines Freundes entdeckt hatte. Es gab viele Gräber von Frauen aus den wenigen Jahrhunderten seit der Zeit, als die Europäer den Hudson aufwärtsgewandert waren und sich auf dieser Insel niedergelassen hatten. Sie hießen Eliza, Elizabeth, Elisabeth. Einige waren alt geworden, andere früh verstorben, oft im Kindbett oder noch jünger an Kinderkrankheiten. Die Anzahl der Kindergräber war hoch.

Über die Rector Street kam ich zum Trinity Place, wo von der anderen Seite eine historische Mauer das Kirchengelände begrenzte. Die Luft war kalt und schmeckte nach Meer. Die Trinity Church wurde während des ausgehenden 17. Jahrhunderts gegründet. Von hier aus brachen Seefahrer und besonders Walfänger mit dem Segen der hiesigen Gemeinde zu ihren Reisen auf. Und wenn sie wohlbehalten und mit Reichtum gesegnet zurückkehrten, führte ihr Weg sie zu der Kirche zurück, der sie die Gnade verdankten. Zu den vielen Privilegien, die die Trinity Church in jenen Jahren genoss, gehörte auch das Vorrecht auf jedes Schiffswrack und jeden gestrandeten Wal auf der Insel Manhattan. Die Kirche lag nah am Wasser. Das Wasser reichte von allen Seiten an sie heran, außer vom Norden. Ich lief herum, suchte einen Eingang und stellte mir das nahe Wasser vor. Später fand ich den Bericht des holländischen Siedlers Anthony de Hooges, der in seine Kladde notierte:

Am 29. März des Jahres 1647 tauchte vor der Küste unserer Kolonie ein gewisser Fisch auf, dessen Größe wir als beachtlich einschätzten. Er kam flussaufwärts und schwamm an uns vorbei, auf die Sandbänke zu, um am Abend flussabwärts zu schwimmen, abermals an uns vorbei. Er war schneeweiß, ohne Flossen, mit rundem Körper, und blies Wasser über seinem Kopf hinaus, wie ein Wal oder Thunfisch. Der Vorfall schien

uns sehr bemerkenswert, weil es zwischen uns und
Manhattan viele Sandbänke gibt und auch weil er so
schneeweiß war, wie es keiner von uns jemals gesehen
hatte; und besonders, meine ich, weil er eine Strecke
von zwanzig Meilen im Süßwasser durchquert hatte,
anstatt im Salzwasser, das doch sein Element ist. Nur
Gott weiß, was das zu bedeuten hat. Aber eines ist
gewiss, dass ich und die meisten Bewohner ihn wahr-
lich mit großem Erstaunen betrachteten. Am selben
Abend, als dieser Fisch sich uns gezeigt hatte, hatten
wir den ersten Donner und Blitz des Jahres.

De Hooges hatte diesen Bericht in der Siedlung Fort Orange
verfasst, die später Albany wurde, nachdem die Briten die
niederländischen Gebiete in diesem Teil der Neuen Welt
eingenommen hatten. De Hooges schrieb noch einmal
über ein riesiges Meeresungetüm, das im April desselben
Jahres gesichtet wurde. Ein anderer Autor, der Forschungs-
reisende Adriaen van der Donk, berichtete ebenfalls 1647
von zwei ähnlichen Fällen sowie von einem gestrandeten
Wal bei Troy, noch weiter nördlich am Hudson River. Der
letztere wurde zur Ölgewinnung zerlegt, schrieb van der
Donk, und sein stinkender Kadaver am Ufer liegen gelassen. Für die Holländer war der Anblick eines Wals in Bin-
nengewässern oder seines gestrandeten Rumpfes ein star-
kes Omen, und die Verbindung, die de Hooges zwischen
dem Auftauchen eines Wals und den dramatischen Wetter-
schwankungen zieht, ist bezeichnend. Seine Sichtung war
sogar noch verhängnisvoller als die anderen, denn das be-
schriebene Tier war offenbar ein Albino.

Schwer vorstellbar, dass es im 17. Jahrhundert irgendwo in New Amsterdam oder in den Handelsposten flussaufwärts einen Einwohner niederländischer Herkunft gegeben hat, der nicht von den vielen gestrandeten Walen an den Ufern der Heimat gehört hatte. 1598 war im seichten Wasser vor Berckhey, nahe Den Haag, ein über sechzehn Meter langer Pottwal gestrandet, der vier Tage brauchte, um zu sterben, was ihn schon vom ersten Tag an zur Legende einer Nation in den frühen Tagen ihrer modernen Geschichte machte. Der Wal von Berckhey wurde in Holzstichen verewigt und verkauft, und nachdem das kommerzielle Interesse abgeflaut war, zum Gegenstand wissenschaftlicher Neugier. Der Wal galt als Botschaft aus der Tiefe. Für die Zeitzeugen lag es nahe, das sterbende Monster mit den Gräueltaten in Verbindung zu bringen, die im August desselben Jahres von den verhassten spanischen Truppen im Fürstentum von Cleves begangen worden waren. Zwischen Mitte des 16. bis Ende des 17. Jahrhunderts strandeten in Flandern und den nördlichen Niederlanden mindestens vierzig Wale. Für die Niederländer, die zu dieser Zeit nicht nur ihre eigene Republik zu definieren, sondern auch ihre Position in New Amsterdam und anderen ausländischen Kolonien zu konsolidieren versuchten, war die spirituelle Bedeutung des Wales allgegenwärtig.

Als etwa zweihundert Jahre später ein junger Mann aus Fort Orange den Hudson herunterkam und sich auf Manhattan niederließ, entschloss er sich, sein Magnum Opus über einen Albino-Leviathan zu schreiben. Der Autor, zeitweise Gemeindemitglied der Trinity Church, nannte sein Buch *Der Wal;* der zusätzliche Titel *Moby-Dick* wurde erst nach der Erstveröffentlichung hinzugefügt. Dieselbe Trinity Church gewährte mir keinen Einlass, um zu beten, und ließ mich draußen in der frischen Brise stehen. An allen Pforten hingen Ketten, und ich fand weder einen Eingang ins Gebäude noch jemanden, der mir Auskunft geben konnte. Von der Brise eingelullt, entschied ich mich also, weiterzugehen zum Rand dieser Insel. Es würde mir guttun, dachte ich, eine Weile an der Wasserlinie zu stehen.

Als ich die Straße überquerte und in eine schmale Gasse einbog, war es, als sei die ganze Welt um mich herum in die Ferne gerückt. Es war merkwürdig, aber es tröstete mich zu wissen, dass ich auf diese Weise allein im Herzen der Stadt war. Ich ging durch die Gasse, links und rechts von mir Ziegelmauern und verschlossene Türen, auf denen sich schwarze Umrisse von Schatten abzeichneten, als seien sie eingraviert. Vor mir lag ein großes, schwarzes Gebäude. Die Oberfläche des halb verdeckten Turms war matt, ein lichtabsorbierendes Schwarz, wie bei einem Vorhang, und die scharfe Geometrie ließ ihn wie einen frei stehenden Schatten oder Scherenschnitt wirken. Ich lief unter einem Baugerüst hindurch, dann traf die Thames Street auf die Greenwich Street. Ich ging hinüber zur Albany Street, von wo aus der Turm besser zu sehen war, obwohl er noch ein Stück entfernt lag. Er war vollständig eingehüllt in ein dichtes schwarzes Netz. Als die enge, ruhige Gasse auf die Washington Street traf, sah ich rechts, etwa einen Block weiter nördlich, eine große leere Fläche. Sofort dachte ich an das Offensichtliche, verdrängte es aber gleich wieder.

Kurz darauf kam ich zum West Side Highway. Ich war

der einzige Fußgänger am Überweg. Die Autos jagten, von den Reflexionen ihrer rot blinkenden Rücklichter verfolgt, zu den Brücken, die von der Insel herunterführten; rechter Hand war eine Fußgängerüberführung, die von einem Gebäude gegenüber aus die Straße überspannte, dann aber nicht zu einem anderen Gebäude führte, sondern hinab zum Boden. Und wieder die leere Fläche, die jenes offensichtliche Bild heraufbeschwor, das ich jetzt zuließ: die Ruinen des World Trade Center. Der Ort war zu einer Metonymie seiner Katastrophe geworden; einmal hatte mich sogar ein Tourist gefragt, wie man zu 9/11 komme – nicht zum Schauplatz der Ereignisse von 9/11, sondern nach 9/11, zu dem in Trümmern versteinerten Datum. Langsam näherte ich mich der mit Brettern und Maschendraht umzäunten Fläche. Nichts verwies auf ihre Bedeutung. Auf der anderen Seite des Highway war eine ruhige Straße namens South End Avenue, an der Ecke ein Restaurant mit Neonschildern (ich erinnere mich an das Neon, aber nicht an den Namen des Restaurants). Beim Blick durch die Glastüren fiel mir auf, dass es fast leer war. Die wenigen Gäste waren, so schien es, Männer, die meisten allein. Ich ging hinein, setzte mich an die Bar und bestellte bei der Kellnerin ein Bier.

Ich hatte es gerade leer getrunken und bezahlt, als sich ein Mann zu mir setzte. Du erkennst mich nicht, sagte er und zog die Augenbrauen hoch. Ich hab dich vor zwei Wochen im Folk Art Museum gesehen. Mein Gesichtsausdruck verriet wohl Verwirrung, denn er fügte hinzu: Ich arbeite dort als Museumswächter, und das warst doch du, oder? Ich nickte, obwohl ich ihn nicht erkannte. Er sagte, wusst' ich's doch, dieses Gesicht kenne ich. Wir gaben uns die Hand, und er stellte sich als Kenneth vor. Er war dunkelhäutig und hatte eine breite, glatte Stirn. Er trug eine Glatze und ein sorgfältig getrimmtes Menjou-Bärtchen. Sein kräftiger Oberkörper und die spindeldürren Beine ließen ihn wie Nabokovs Pnin aussehen. Ich schätzte ihn auf Ende dreißig. Wir machten ein bisschen Smalltalk, bis er allmählich in einen Monolog fiel und in einem karibischen Akzent von Thema zu Thema sprang. Er sei aus Barbuda, sagte er und war überrascht, dass ich Barbuda kannte.

Die meisten Amerikaner kennen nur, was man ihnen direkt vor die Nase setzt, sagte er. Egal, ich warte hier auf ein paar Freunde, ist doch ganz nett, oder? Oh, du warst noch nie hier? Ich schüttelte den Kopf. Er fragte mich, woher ich komme und was ich mache. Er sprach schnell, suchte das Gespräch. Ich hab mal einen Mitbewohner gehabt, damals in Colorado, der war auch Nigerianer. Yemi hieß der. Ich glaub, er war Yoruba, afrikanische Kultur hat mich schon immer interessiert. Bist du auch Yoruba? Kenneth fing an, mir auf die Nerven zu gehen, und ich wünschte, er würde mich in Ruhe lassen. Ich dachte an den Taxifahrer, der mich vom Folk Art Museum nach Hause gefahren hatte – hey Mann, ich bin auch Afrikaner. Kenneth erhob einen ähnlichen Anspruch.

Ich hab damals in Littleton gewohnt und bin in Denver aufs Community College gegangen, um meinen Associate Degree zu machen, sagte er. Littleton, erinnerst du dich? Das Massaker war kurz nachdem ich dort hinzog. Schreckliche Geschichte. Und dann das Gleiche hier noch mal, ich bin im Juli 2001 nach New York gezogen. Verrückt, oder? Total verrückt, vielleicht sollte ich jede Stadt vorwarnen, bevor ich dort auftauche! Aber die Stelle im Museum ist in Ordnung, was für den Übergang, echt okay, aber eigentlich will ich … Kenneth redete weiter, schnell, mechanisch. Seine gelbbraunen Augen ruhten auf mir, bis ich eine Frage in seinem Blick entdeckte. Die Frage nach Sex. Ich erklärte ihm, dass ich gleich mit einem Freund verabredet sei, entschuldigte mich dafür, keine Visitenkarte dabeizuhaben, und murmelte etwas davon, dass ich bald wieder ins Museum kommen würde. Ich verließ das Restaurant; von hier aus war es nicht mehr weit zum Wasser. Während ich lief, dachte ich an Kenneth und die Verzweiflung in seinem Geplapper; er tat mir ein bisschen leid.

Diese sonderbare Insel, dachte ich, als ich aufs Meer hinausblickte, diese in sich gekehrte Insel, die das Wasser verbannt hat, ihre Küste ein Panzer, der nur an wenigen ausgesuchten Stellen durchlässig war. Wo konnte man in dieser Stadt der Flüsse noch eine Böschung unter dem Beton spüren? Alles war zugebaut, und die Millionen, die in der winzigen Mitte zwischen den Steinwällen lebten, hatten nur eine vage Ahnung davon, was um sie herum floss. Das Wasser war das peinliche Geheimnis, die ungeliebte Tochter, links liegen gelassen, während die Parks umschwärmt, umsorgt und überbeansprucht wurden. Ich stand auf der Promenade und schaute übers Wasser, in die stumme Nacht. Alles war still, und am Jersey-Ufer gegenüber blinkten die Signalleuchten. Zwei Jogger segelten schwerelos auf mich zu und an mir vorbei. An der South End Avenue reihten sich Stadthäuser und kleine Läden, alle mit Meerblick, dazwischen ein kleiner mit Wein und Hecken überwucherter Aussichtspavillon. Und weit draußen, auf dem Hudson, das ferne Echo der alten Walfangschiffe und Wale und all der New Yorker, die einst, Generationen zuvor, zu dieser Promenade gekommen waren, um Wohlstand und Elend in die Stadt hereinströmen zu sehen oder das Spiel der Lichter auf dem Wasser zu beobachten. Jeder dieser vergangenen Augenblicke war als Spur gegenwärtig. Von hier aus gesehen, erhob sich die Freiheitsstatue wie ein fluoreszierender grüner Fleck vor dem Himmel, dahinter lag Ellis Island, Gegenstand so vieler Mythen. Doch für die ersten Afrikaner – die sowieso keine Einwanderer waren – war die Einwanderungsbehörde zu spät gebaut worden, und für die späten Ankömmlinge aus Afrika, für Kenneth oder den Taxifahrer oder mich, war sie zu früh wieder geschlossen worden, um uns etwas zu bedeuten.

Ellis Island war vor allem ein Symbol für europäische Flüchtlinge. Die Schwarzen – *wir Schwarze* – hatten rauere Einwanderungshäfen erlebt: Das war es, was der Taxifahrer gemeint hatte, und jetzt, da meine Ungehaltenheit verflogen war, konnte ich es zugeben. Das war die Bestätigung, die er sich auf seine schroffe Art von jedem »Bruder« wünschte. Ich lief auf der Promenade Richtung Norden und lauschte den Atemzügen des Wassers. Zwei alte Männer in glänzenden Trainingsanzügen schlurften tief ins Gespräch versunken an mir vorbei. Warum hatte ich plötzlich das Gefühl, sie kämen von der anderen Seite der Zeit? Für einen Moment erwiderte ich ihren Blick, aber ihre Augen drückten nichts aus außer der üblichen Kluft zwischen Jung und Alt. Ein Stück weiter wurde die Promenade breiter, die Reihe der Wohnhäuser endete, und mein Blick fiel auf den Lichthof des World Financial Center, der mit seinen meterhohen Palmen wie ein gigantisches Aquarium aussah. Das Gebäude lag direkt an einer ruhigen Bucht, auf der sanft mehrere Boote schaukelten, eines trug die Aufschrift Manhattan Sailing School. Ich lief eine kurze Holztreppe zum Steg hinunter, an den Booten entlang und noch weiter, bis ich zu beiden Seiten nur noch von Wasser umgeben war. Rechts war die Bucht, links der Fluss, und ich ließ meinen Blick auf das dunkle Wasser sinken, auf die diffusen Lichter von Hoboken und Jersey City, über ihnen schwarzer Himmel.

London NW

Tante Leah! Tante Leah! Mummy sagt LANGSAMER! Leah bleibt stehen, schaut zurück. Kein Mensch ist zu sehen, dann biegt Nat um die Ecke, mit einem theatralischen Seufzer. Der Buggy ist leer, sie hat Spike auf dem Arm, Naomi zerrt an ihrem T-Shirt. Gulliver, kurz davor, von den Liliputanern überwältigt zu werden.

– Lee, bist du sicher, dass das stimmt? Sieht so gar nicht danach aus.

– Am Ende dieser Straße. Auf der Karte macht sie einen Bogen und führt dann wieder zurück. Pauline hat schon gemeint, es ist schwer zu finden.

– Ich seh nur das Amtsgericht und … einen Kreisverkehr? Hierbleiben, Kinder, bei mir bleiben. Da kann man ja auch gleich auf dem Seitenstreifen der Autobahn spazieren gehen. Was für ein Albtraum. Kennedy Fried Chicken. Polish Bar and Pool. Euphoria-Massagen. Wie schön, wenn man so viel von der Umgebung sieht. Das kann unmöglich noch Willesden sein. Fühlt sich schon mindestens wie Neasden an.

– Die Kirche macht es doch erst zu Willesden. Sie steht für die Gemeinde Willesden.

– Okay, aber wo ist sie? Wie kommt Pauline hier überhaupt hin?

– Mit dem Bus, nehme ich an. Keine Ahnung.

– Was für ein Albtraum.

Die Straße macht einen Bogen. Sie finden sich auf einem schmalen Streifen Asphalt wieder, an dessen Ende ein Poller steht, und halten die Kinder fest, während zu beiden Seiten Autos vorbeirasen. Rechts von ihnen ein zwangsvollstrecktes Einkaufszentrum und ein fehlgeplanter Büroblock, leer, jedes zweite Fenster eingeschlagen. Links ein grasbewachsenes Inselchen, das sich an die zweispurige Schnellstraße schmiegt. Als grüne Oase gedacht, wird es als Müllkippe missbraucht. Eine patschnasse Matratze. Ein umgekipptes Sofa mit zerschnittenen Polstern und scheußlichen Flecken. Ausgefallenere Gegenstände, die von eilig aufgegebenen Leben berichten: ein halbes Mofa, eine enthauptete Stehlampe, eine Autotür, ein Hutständer, so viele Linoleumrollen, dass sie für einen ganzen Badboden reichen würden.

In einer Verkehrslücke flitzen sie wie ein einziges aufgescheuchtes Tier über die breite Straße und lassen sich dann los, keuchend, die Hände auf die Knie gestützt. Leah, die Anweisung hat, es achtundvierzig Stunden »ruhig angehen« zu lassen, spürt leichten Schwindel im Kopf. Sie dreht sich weg, hebt langsam den Kopf und entdeckt sie als Erste: altertümliche Zinnen und ein Kirchturm, die gerade so zwischen den Ästen einer gewaltigen Esche zu sehen sind. Nur zwanzig Meter weiter offenbart sich die Szenerie in ihrer ganzen Unwahrscheinlichkeit. Eine kleine Dorfkirche, eine mittelalterliche Dorfkirche, gestrandet auf diesem Viertelhektar inmitten eines Kreisverkehrs. Aus Zeit und Raum gefallen. Ein Kraftfeld heiterer

Ruhe umgibt sie. Vor dem Ostfenster ein Kirschbaum. Ein niedriges Backsteinmäuerchen ringsherum markiert den alten Grenzverlauf, kaum abschreckender als ein Schutzwall aus Gänseblümchen. Die Türen der Familiengrüfte sind eingetreten. Viele Grabsteine bunt verziert. Leah, Nat und die Kinder passieren das Friedhofstor, pausieren unter dem Glockenturm. Das blaue Zifferblatt blinkt in der Sonne. Es ist halb zwölf am Vormittag, in einem fernen Jahrhundert, einem fernen England. Nat wischt sich mit einem Windeltuch den Schweiß von der Stirn. Die Kinder, bis dahin laut und quengelig in der Hitze, werden still. Durch den schattigen Friedhof windet sich ein Weg, die viktorianischen Grabsteine weisen nur die jüngste Schicht von Toten aus. Natalie steuert den Buggy über den holprigen Untergrund.

– Irre. Die habe ich noch nie gesehen. Dabei bin ich hier schon hundert Mal vorbeigefahren. Hast du noch das Wasser-Dings, Lee? Wahrscheinlich gefällt's Pauline deswegen hier. Weil sie so alt ist. Weil man dem Alten noch trauen kann.

Leah verschränkt die Arme eng vor der Brust und wird zu ihrer Mutter, setzt die Miene ihrer Mutter auf: die nach unten gezogenen Mundwinkel, die flatternden Lider, in ständiger Abwehr aller Stäubchen dieser Welt und deren Bestreben, Pauline in die Augen zu fliegen. Natalie, mitten im Schluck, prustet heftig los, bekleckert sich mit Wasser.

– Also, diese neumodischen Kirchen sind ja wirklich nichts für mich. Darum reiße ich mich wirklich nicht. Den alten kann man wenigstens noch trauen, das steht fest.

– Hör auf, sonst ersticke ich noch. Ich habe mein ganzes

Leben hier verbracht und nicht mal gewusst, dass es so einen Ort gibt. All die Jahre mit Marcia in dieser Sardinenbüchse von Pfingstgemeinde, dabei hätten wir die ganze Zeit hier sein können! Hör mir doch zu, Keisha. Ich will doch nur, dass der Geist des Herrn uns alle erfüllt.

Über ihre Mütter können sie sich lustig machen, doch den ernsten Zauber dieses Orts können sie nicht durchbrechen. Die Kinder tappen zögernd zwischen den Gräbern herum, wollen wissen, ob da unten in echt tote Menschen liegen. Leah beschleunigt, verlässt den Weg und stapft durch das hohe Gras, während Nat mit ihren Sprösslingen über den feinen Unterschied zwischen den kürzlich Verstorbenen und den längst Verstorbenen debattiert. Leah streckt die Arme nach beiden Seiten aus. Mit den Fingern streift sie die Spitzen der größeren Grabsteine, eine verfallene Steinurne, ein bröckelndes Kreuz. Bald ist sie hinter der Kirche. Ringsum drängt die Vergangenheit, teils noch leserlich auf verwitterten, trübselig schief stehenden Steinen. Säuglingssterben und tödliche Wochenbetten. Krieg und Krankheit. Wuchtige Tafeln, bedeckt von Efeu, von Flechten, von gelben Schimmel- oder Moosflecken.

Emily W... aus dieser Gemeinde in ihrem ...
dreissigsten Jahr aus dem Leben geschieden
Im Jahre des Herrn achtzehnhundertsiebenund...
Sie hinterlässt sechs Kinder und ihren Gatten Albert,
der ihr bald ins ... nachfolgte

Marion ... aus dieser Gemein...
Verstorben am 17. Dezember 1878 mit 2 ... Jahren

Desgleichen Dora, Tocht… der Obigen,
Verstorben am 11. Dezember 1878

Achtundvierzig Stunden lass es ruhig angehen
In dieser schrecklichen Sonne
Lass es ruhig angehen, Leah Hanwell
aus dieser Gemeinde,
Einzige Tochter Colin Hanwells,
desgleichen aus dieser Gemeinde.
Für den Rest des Lebens lass es ruhig angehen.

Leah lehnt sich an einen Stein, der so groß ist wie sie. Darauf drei Hochrelieffiguren, fast völlig unkenntlich. Sie schiebt die Finger in die moosigen Kerben. Eine Frau mit gerafften Röcken hält etwas an sich gedrückt, einen formlosen Klumpen, vielleicht ein Geschenk, und von beiden Seiten strecken zwei kleine Jungen in Kitteln die Arme nach ihr aus. Sie ist niemand. Die Zeit hat alle Einzelheiten weggenagt: kein Name kein Datum kein Gesicht keine Knie keine Füße keine Erklärung für das geheimnisvolle Geschenk …

– Lee, alles klar bei dir?

– Heiß. Es ist so wahnsinnig heiß.

Durch zwei schwere Holztüren gelangen sie ins Innere. Die Messe geht gerade zu Ende. Eigentümlicher, hochkirchlicher Weihrauchgeruch hängt in der Luft. Sie gehen am Rand entlang, meiden die Blicke der Gläubigen. Herrlich kühl hier drinnen, besser als jede Klimaanlage. Natalie nimmt sich eine Infobroschüre. Die geborene Autodidaktin, will es immer ganz genau wissen. Das muss wohl dieser Bruch gewesen sein. Der Bruch hat alles verändert. Während dieser kurzen Pause in ihrer langen Geschichte, zwischen sechzehn und achtzehn, ist sie Natalie Blake geworden. Hat sich auf dem Boden der Kensal-Rise-Bücherei weitergebildet, während Leah den lieben langen Tag Dope geraucht hat. Natalie nimmt sich immer die Broschüren, die Broschüren und alles andere auch.

– Begründet wurde die Gemeinde im Jahr 938 … nichts mehr übrig von der ursprünglichen Kirche … die heutige Kirche wurde ca. 1315 erbaut … In der Tür noch Original-Einschusslöcher aus der Zeit Cromwells …

Naomi rennt voraus und klettert auf das Taufbecken (ca. 1150, Purbeck-Marmor). Leah versucht, der akustischen Reichweite von Natalies Vortrag zu entkommen. Die Messe ist vorbei: Die Gläubigen defilieren nach draußen. An der Tür versucht der junge Pfarrer, sie in ein Gespräch zu verwickeln. Er hält eine Hand in die schwabbelige Taille gestützt, wie eine nervöse alte Frau, eine braune Strähne fällt ihm seitlich in die Stirn. Er hat ein Gesicht, das gern gefallen würde, daran aber aufgrund eines fliehenden Kinns scheitert. So, wie er ist, wäre er auch 1920 oder 1880 oder 1660 gewesen. Er ist noch derselbe, nur seine Gemeinde hat sich verändert. Polen, Inder, Afrikaner, Kariben. Die Erwachsenen elegant in glänzenden Anzügen und eng anliegenden Kleidern vom Markt. Die Jungs tragen dreiteilige Nadelstreifen, die Mädchen halten ihre kleinen spanischen Schultertücher umklammert, das Haar sorgfältig geglättet und zu Schmachtlöckchen gelegt. Die Gemeinde hat Erbarmen mit ihrem Pfarrer, der vor sanften Anregungen überfließt. Vielleicht können wir ja nächste Woche versuchen, einmal pünktlich anzufangen. Was immer Sie erübrigen können. Was auch immer. Sie lächeln und nicken und nehmen ihn nicht weiter ernst. Auch der Pfarrer hört sich kaum selber zu. Er konzentriert sich auf Leah, sucht sie über die Köpfe seiner scheidenden Schäfchen hinweg. Von Osten her strömt Licht herein. Leah hält instinktiv darauf zu, nähert sich einer schwarz-weißen Marmortafel an der Wand, von der sie erfährt, dass es IHR GEFIEL IHN ZUM GLÜCKLICHEN VATER VON 10 SÖHNEN & 7 TÖCHTERN ZU MACHEN UND DIESES DENCKMAL UN IN ALLER FRÖMMIGKEIT SEINEM ANDENKEN WEIHT. ER STARB IN SEINEM 48TEN JAHRE. AM 24TEN IM MONAT MÄRZ AD 1647. Mehr wird über sie nicht gesagt. Leah möchte die Hand auf die Lettern legen, um zu fühlen, wie kühl sie sind. Aber Natalie sagt lieber nicht, sie sagt Spike nicht im Weihwasser planschen WOW derselbe Bildhauer hat auch das Grabmal von ELIZABETH I. nein Schätzchen nicht die sie war vor LANGER LANGER ZEIT Königin Schätzchen nein Schätzchen sogar noch davor aber hast du gewusst dass es früher WILSDON hieß und das heißt also das heißt Quelle am Fuß eines Hügels und da kommt auch dieses Wasser her ICH HAB GESAGT HÖR MIT DEM PLANSCHEN AUF. Leah ist plötzlich schrecklich durstig, sie besteht nur noch aus Durst, sie ist nur noch Durst. Sie kniet sich hin, begutachtet den Hahn, liest das Schild. Kein Trinkwasser. Geweiht, aber kein Trinkwasser.

– Mummy!

– Nein, das ist nicht Mummy. Das ist jemand anders. »Der Legende nach mächtiger als die traditionellen Madonnenfiguren besitzt sie Wunderkräfte, unter anderem die Macht, den Zufall zu lenken, ein verlorenes Gedächtnis

wiederzugewinnen, tote Säuglinge wiederzubeleben ...«
Das würde Marcia gefallen ... Manchmal erscheint sie den
Leuten draußen auf dem Friedhof. Marcia hat auch ständig
Erscheinungen. Allerdings meistens weiße Madonnen, mit
blondem Haar und einer hübschen Bluse von Marks &
Spencer ...

Wie konnte sie daran vorbeilaufen? Hinter ihr eine Madonna, ganz aus pechschwarzem Lindenholz. Im Arm hält
die Madonna ein Riesenbaby in Windeln. Das Christus-
kind, heißt es auf dem Schild, die Arme zu beiden Seiten
weggestreckt, die Hände schwer von Segen, heißt es auf
dem Schild, doch Leah kann nichts Segensreiches darin
erkennen. Es sieht eher nach Vorwurf aus. Das Baby ist
kreuzförmig; es hat die Gestalt dessen, was einmal sein Untergang sein wird. Es streckt sich Leah entgegen. Es reckt
sich, um ihr den Fluchtweg abzuschneiden, sowohl nach
rechts als auch nach links.

– »und wurde zum berühmten Heiligtum Unserer Lieben Frau von Willesden, der ›Schwarzen Madonna‹, während der Reformation zerstört und verbrannt, wie auch die
Madonnen von Walsingham, Ipswich und Worcester, durch
den Lordsiegelbewahrer«. Auch ein Cromwell. Derselbe?
Steht hier nicht. Da wäre ein ordentlicher Geschichtsunter-
richt doch mal sinnvoll gewesen ... »hier als Heiligtum
verehrt seit« ... Sekunde, das ist das Original? Aus dem
13. Jahrhundert? Das kann ja wohl nicht sein. Wirklich
schlecht geschrieben, man versteht ja gar nicht ... NAOMI
KOMM WEG VON DEM

FRANZ HESSEL

Der Verdächtige

Langsam durch belebte Straßen zu gehen, ist ein besonderes Vergnügen. Man wird überspült von der Eile der andern, es ist ein Bad in der Brandung. Aber meine lieben Berliner Mitbürger machen einem das nicht leicht, wenn man ihnen auch noch so geschickt ausbiegt. Ich bekomme immer mißtrauische Blicke ab, wenn ich versuche, zwischen den Geschäftigen zu flanieren. Ich glaube, man hält mich für einen Taschendieb.

Die hurtigen, straffen Großstadtmädchen mit den unersättlich offnen Mündern werden ungehalten, wenn meine Blicke sich des längeren auf ihren segelnden Schultern und schwebenden Wangen niederlassen. Nicht als ob sie überhaupt etwas dagegen hätten, angesehn zu werden. Aber dieser Zeitlupenblick des harmlosen Zuschauers enerviert sie. Sie merken, daß bei mir nichts ›dahinter!‹ steckt.

Nein, es steckt nichts dahinter. Ich möchte beim Ersten Blick verweilen. Ich möchte den Ersten Blick auf die Stadt, in der ich lebe, gewinnen oder wiederfinden …

In stilleren Vorstadtgegenden falle ich übrigens nicht minder unangenehm auf. Da ist gegen Norden ein Platz mit Holzgerüst, ein Marktgerippe und dicht dabei die Produktenhandlung der Witwe Kohlmann, die auch Lumpen hat; und über Altpapierbündeln, Bettstellen und Fellen hat sie an der Lattenveranda ihrer Handlung Geraniumtöpfe. Geranium, pochendes Rot in träg grauer Welt, in das ich lange hineinsehn muß. Die Witwe wirft mir böse Blicke zu. Zu schimpfen getraut sie sich nicht, sie hält mich vielleicht für einen Geheimen, am Ende sind ihre Papiere nicht in Ordnung. Und ich meine es doch gut mit ihr, gern würde ich sie über ihr Geschäft und ihre Lebensansichten befragen. Nun sieht sie mich endlich weggehn und gegenüber, wo die Querstraße ansteigt, in die Kniekehlen der Kinder schauen, die gegen die Mauer Prallball spielen. Langbeinige Mädchen, entzückend anzusehn. Sie schleudern den Ball abwechselnd mit Hand, Kopf und Brust zurück und drehn sich dabei, und die Kniekehle scheint Mitte und Ausgangspunkt ihrer Bewegungen. Ich fühle, wie hinter mir die Produktenwitwe ihren Hals reckt. Wird sie den Schupo darauf aufmerksam machen, was ich für einer bin? Verdächtige Rolle des Zuschauers!

Wenn es dämmert, lehnen alte und junge Frauen auf Kissen gestützt in den Fenstern. Mir geschieht mit ihnen, was die Psychologen mit Worten wie Einfühlung erledigen. Aber sie werden mir nicht erlauben, neben und mit ihnen zu warten auf das, was nicht kommt, nur zu warten ohne Objekt.

Straßenhändler, die etwas ausschreiend feilhalten, haben nichts dagegen, daß man sich zu ihnen stellt; ich stünde aber lieber neben der Frau, die soviel Haar aus dem vorigen Jahrhundert auf dem Kopf hat, langsam ihre Stickereien auf blaues Papier breitet und stumm Käufern entgegensieht. Und der bin ich nicht recht, sie kann kaum annehmen, daß ich von ihrer Ware kaufen werde.

Manchmal möcht ich in die Höfe gehn. Im älteren Berlin wird das Leben nach den Hinter- und Gartenhäusern zu dichter, inniger und macht die Höfe reich, die armen Höfe mit dem bißchen Grün in einer Ecke, den Stangen zum Ausklopfen, den Mülleimern und den Brunnen, die stehngeblieben sind aus Zeiten vor der Wasserleitung. Vormittags gelingt mir das allenfalls, wenn Sänger und Geiger sich produzieren oder der Leierkastenmann, der obendrein auf einem freien Fingerpaar Naturpfeife zum besten gibt, oder der Erstaunliche, der vorn Trommel und hinten Pauke spielt (er hat einen Haken am rechten Knöchel, von dem eine Schnur zu der Pauke auf seinem Rücken und dem aufsitzenden Schellenpaar verläuft; und wenn er stampft, prallt ein Schlegel an die Pauke, und die Schellen schlagen zusammen). Da kann ich mich neben die alte Portiersfrau stellen – es ist wohl eher die Mutter der Pförtnersleute, so alt sieht sie aus, so gewohnheitsmäßig sitzt sie hier auf ihrem Feldstühlchen. Sie nimmt keinen Anstoß an meiner Gegenwart, und ich darf hinaufsehn in die Hoffenster, an die sich Schreibmaschinenfräulein und Nähmädchen der Büros und Betriebe zu diesem Konzert drängen. Selig benommen pausieren sie, bis irgend ein lästiger Chef kommt und sie wieder zurückschlüpfen müssen an ihre Arbeit. Die Fenster sind alle kahl. Nur an einem im vorletzten Stockwerk sind Gardinen, da hängt ein Vogelbauer, und wenn die Geige von Herzen schluchzt und der Leierkasten dröhnend jammert, fängt ein Kanarienvogel zu schlagen an als einzige Stimme der stumm schauenden Fensterreihen. Das ist schön. Aber ich möchte doch auch mein Teil an dem Abend dieser Höfe haben, die letzten Spiele der Kinder, die immer wieder heraufgerufen werden, und Heimkommen und Wiederwegwollen der jungen Mädchen erleben; allein ich finde nicht Mut noch Vorwand, mich einzudrängen, man sieht mir meine Unbefugtheit zu deutlich an.

Hierzulande muß man müssen, sonst darf man nicht. Hier geht man nicht wo, sondern wohin. Es ist nicht leicht für unsereinen.

* * *

Ich kann noch von Glück sagen, daß eine mitleidige Freundin mir manchmal erlaubt, sie zu begleiten, wenn sie Besorgungen zu machen hat. In die Strumpfklinik zum Beispiel, an deren Tür steht: ›Gefallene Maschen werden aufgenommen.‹ In diesem düstern Zwischenstock huscht eine Bucklige durch ihr muffiges wolliges Zimmer, das eine neue Glanztapete aufhellt. Ware und Nähzeug liegen auf Tischen und Etageren um Porzellanpantöffelchen, Biskuitamoretten und Bronzemädchen herum, wie Herdentiere um alte Brunnen und Ruinen lagern. Und das darf ich genau besehn und daran ein Stück Stadt- und Weltgeschichte lernen, während die Frauen sich besprechen.

Oder ich werde zu dem Flickschneider mitgenommen, der in einem Hinterhaus der Kurfürstenstraße zu ebner Erde wohnt. Da trennt ein Vorhang, der nicht ganz bis zum Boden reicht, den Arbeitsraum vom Schlafraum ab. Auf einem gefransten Tuch, das über den Vorhang hängt, ist bunt der Kaiser Friedrich als Kronprinz dargestellt. ›So kam er aus San Remo‹, sagt der Schneider, der meinem Blick gefolgt ist, und zeigt dann selber seine weiteren monarchentreuen

Schätze, den letzten Wilhelm photographiert und sehr gerahmt mit seiner Tochter auf den Knien und das bekannte Bild des alten Kaisers mit Kindern, Enkeln und Urenkeln. Gern will er meiner Republikanerin das grüne Jackett umnähen, aber im Herzen hält er's, wie er sagt, ›mit den alten Herrschaften‹, zumal die Republik nur für die jungen Leute sorge. Ich versuche nicht, ihn umzustimmen. Mit seinen Gegenständen kann es meine politische Erkenntnis nicht aufnehmen. Er ist sehr freundlich mit dem Hunde meiner Freundin, der an allem herumschnuppert, neugierig und immer auf der Spur gerade wie ich.

Mit diesem kleinen Terrier gehe ich gern spazieren. Wir sind dann beide ganz in Gedanken; auch gibt er mir Anlaß, öfter stehnzubleiben, als es sonst einem so verdächtigen Menschen wie mir erlaubt wäre.

Neulich ist es uns aber schlimm ergangen. Ich holte ihn aus einem Hause ab, in dem wir beide fremd waren. Wir gingen eine Treppe hinunter, in die ein Fahrstuhlgehäuse mit Gitterwerk eingebaut war. Ein düstrer Eindringling war dieser Lift in dem einst gelassen breiten Treppenhaus. Und die bauschigen Wappendamen der bunten Fenster sahen irr auf das Wanderverlies, und die Kleinodien und die Attribute lockerten sich in ihren Händen. Sicher roch es auch sehr diskrepant in diesem Ensemble verschiedener Epochen, was meinen Begleiter von Gegenwart und Sitte derart ablenkte, daß er auf der ersten Stufe der steilen Stiege, die zu Füßen des Fahrgehäuses vom Hochparterre hinunterführte, – sich vergaß! So etwas, hat mir später meine Freundin versichert, konnte einem so stubenreinen Geschöpf nur in meiner Gesellschaft passieren. Das nahm ich gern hin. Härter aber traf mich der Vorwurf, den mir im Augenblick des peinlichen Ereignisses der Portier des Hauses machte, der zum Unglück gerade, als wir uns vergaßen, die Nase aus seiner Loge steckte. In richtiger Erkenntnis meiner Mitschuld wandte er sich nicht an das Hündchen, sondern an mich. Er zeigte mit grau drohendem Finger auf die Stätte der Untat und herrschte mich an: ›Wat? Sie woll'n ein jebildeter Mensch sint?‹

LENA GORELIK
Zehntausend Schritte

Bis Zehntausend ist lang, Wind, grau, endlos. Warum eigentlich, wofür. Man müsste meinen, dass die ersten die schwierigsten sind, aber es stimmt nicht, dreizehn, vierzehn, fünfzehn. Ein Takt, kein Takt, weil ich keinen finde, die Bäume kahl, auch sie lustlos. Alles, was außerhalb des eigenen Zuhauses geschieht, nichts eigentlich, während Menschen bangen, trauern, sterben. Manchmal laufe ich am Krankenhaus vorbei, ungern. Bis zum Krankenhaus sind es etwa 3500 Schritte, und bei 5500 drehe ich wieder um. Etwas mehr als die Hälfte, um sicher zu sein: Dass ich die Zehntausend geschafft habe, wenn ich zuhause bin.

Wenn ich zuhause bin, wiederholt sich die Frage: Warum eigentlich, wofür. Sperre die Tür auf, hallo, Kinder, ich bin wieder da. Die Kinder können mit dieser Nachricht nicht viel anfangen, murmeln ein Hallo, mir zuliebe.

Was bleibt, was werden wir vergessen. Was verpacken wir, um es später erzählen zu können, den Enkelkindern vielleicht oder einander, weißt du noch, damals? Was werden die Verbindungen sein, die Erzählungen, über die wir Zusammengehörigkeit herstellen können, weil wir alle durch diese Zeit gegangen sind, weil wir uns durchgeschleppt haben, gelaufen sind wir, hinter uns hergezogen, und manch einer ist vielleicht gerannt, aber ich kenne sie nicht, die durch die Zeit rannten. Die Spielplätze hatten geschlossen, die Sprache hat sich durch die Pandemie weiter entwickelt, oder es ist das Virus, das sich nicht nur in die Leben, sondern auch in die Sprache frisst. Spielplätze schließt man eigentlich nicht, nicht in diesem Land, in dem wir leben, in dem unsere Kinder eine Schulpflicht genießen dürfen, auch wenn man das, wenn man zur Schule geht, sicherlich selten so sieht: genießen. Die Kinder sitzen vor Bildschirmen, lernen, umgehen das Lernen, langweilen sich, spielen Videospiele nebenbei, füllen Arbeitsblätter aus, und manche haben nicht das Privileg, einen Bildschirm zu haben, vor dem sie sitzen könnten. Manche haben nicht das Privileg, von den Eltern gefragt zu werden, »gehst du mit, spazieren?«, auch wenn diejenigen, die diese Frage hören, tagein, tagaus, häufig begleitet von weiteren Sätzen, denen das Fragezeichen fehlt, »komm, du musst doch mal raus«, diese Frage sicherlich nicht als Privileg begreifen; eher als nervenaufreibende Störung.

»Nein, das ist so langweilig.«

»Aber du musst doch mal an die frische Luft!«

Wie viele machen sich die Mühe, auf diesen Satz zu reagieren? Das rote Klettergerüst leer, niemand, der da oben thront; für den Sandkasten wäre es zu kalt, jetzt, im Winter. Vielleicht auch nicht, nicht für dick eingepackte Kinder, die in ihren Schneeanzügen wie bunte Wattekugeln aussehen. Wo sind sie jetzt, was machen die Eltern mit diesen kleinen Wattekugeln, schieben sie sie in Kinderwagen vor sich her? Sehe mich um, weiß nicht, ob ich mehr Kinderwagen als sonst sehe; vielleicht hat das Sonst angefangen zu verblassen. Dreihundertvierundfünfzig, sagt das Handy, das ich wieder in die Jackentasche schiebe.

Ich zähle Schritte, wann begann das, dass wir Schritte zu zählen begannen? Sicher schon von der Pandemie, eine Freundin erzählte, zehntausend Schritte helfen, ich weiß gar nicht mehr, wogegen oder wobei. Beim Abnehmen möglicherweise, gegen schlechte Stimmungen, die manchmal zu Depressionen ausscheren, gegen den Alltag, um, wie sagt man, »runterzukommen«, »bei sich anzukommen«, man beobachte die Bäume, die Blätter, die sich im Wind bewegen, als würden sie tanzen, vermutlich, ich hatte, so nehme ich an, ironisch geklungen und etwas gelacht. Zehntausend Schritte, das halte ich nie aus, da sterbe ich vor Langeweile, tanzende Blätter, hatte gelacht, aber versucht, nicht auszulachen, jeden Tag?, etwas Bewunderung auch, echt, jeden Tag?; das würde ich nie schaffen. Vierhundertachtundzwanzig, ich zähle, da, eine Frau mit Kinderwagen, das Kind brüllt, die Frau schiebt, die Bäume immer noch kahl. Ich zähle, vielleicht zähle ich Schritte, weil ich die Tage nicht mehr zählen kann. Die Tage bis wann?, wir zählen täglich erkrankte Menschen und nennen das Inzidenz. Auch der dreijährige Sohn eines Freundes nennt das Inzidenz, obwohl er »oparieren« statt »reparieren« sagt. Was bleibt, was bleibt in ihm, was wird er später erzählen? Vielleicht auch nichts, vielleicht wird für ihn die Erinnerung so sein: Es gab einfach schon immer Corona.

Wo hast du das her, mit den zehntausend Schritten, hatte ich die Freundin gefragt, damals noch, also davor, in der Zeitrechnung vor C. Hatte interessiert klingen wollen, obwohl ich mir das nicht vorstellen konnte, einfach laufen, einfach geradeaus, einfach ohne Ziel, einfach jeden Tag, wer will sie schon, die tanzenden Blätter im Wind. Jetzt zähle ich Schritte, und die meisten, die ich kenne, zählen Schritte, eigentlich werden die Schritte für uns gezählt. Das Handy in der Hosentasche, damit es seine Arbeit macht, ich frage mich, wie das technisch funktioniert, dass das Handy die Schritte zählt, wir sagen das so, »meine täglichen zehntausend Schritte«. Was bleibt, bleiben sie, diese Zahlen, ich möchte, sage ich eines Tages, nie wieder spazieren gehen, nie wieder. Ich sage das, während alte, zermatschte, braune Blätter unter den Schuhen »platsch« machen, sie sind zu nass, um zu knistern, und ich bin zu müde, um darüber enttäuscht zu sein. Wir laufen durch den Wald, als ich das sage, in einen Wald, in den wir gefahren sind, um nicht wieder dieselbe Strecke zu laufen, durch den Englischen Garten, an der Isar entlang, dann wieder im Südpark, dann durch das Stadtviertel, der Abwechslung halber lieber, aber die Abwechslung hat aufgehört, abwechslungsreich zu sein. Also in den Wald, umgestürzte Bäume, Tannen, die standhaft Wache halten über mich, über alle anderen, die hier spazieren gehen, Familien, Paare, Paare, die sich zu Quartetten zusammentun, und wenn wir einander begegnen, gehen wir ein paar Schritte auseinander, so ungefähr anderthalb Meter, und die Schuhe werden dreckig, wenn man in den Graben neben dem Waldweg tritt. Die Tannen halten Wache, sind grün, bleiben es einfach, bleiben, während wir fremden Menschen zunicken, und ich mich frage, ob sie, wie ich, nur aus einem Grund hier sind. Der Grund heißt Corona, und ich trete mit der Hoffnung in den Matsch, dass alles anders ist, wird, werden kann, weil der Matsch sich nicht an einer der üblichen Spazierstrecken befindet.

Ich möchte nie, nie wieder spazieren gehen, sage ich, vielleicht bleibt er ja, dieser Satz, den ich jeden Tag wiederhole, zum ersten Mal in diesem Wald, und dann einfach immer wieder. Vielleicht bleiben die Wiederholungen am längsten, vielleicht ist es die Wiederholung, die Dinge ins Gedächtnis klebt. Vielleicht wird deshalb die Spülmaschine bleiben, die immer und immer und immer wieder ausgeräumt werden musste, und die langweiligste Frage von allen, »was essen wir heute?« Bleiben die Tage in der Erinnerung eine Schleife, bleiben sie ein langer grauer Nebelschwaden, bleiben sie eine Zeit, die wir in Zahlen umwandeln, soundso viele Monate, soundso viele Wochen, noch traut sich niemand »Jahre« hinten anzuhängen, vielleicht sollten wir das mal tun. Vierhundertachtundsiebzig, Mann, ich dachte, ich hätte schon mehr geschafft. Die Tannen, die einfach so an derselben Stelle stehen, mit Schnee auf euren Zweigen seht ihr hübscher aus, denke ich, vergesse, dem Himmel die Schuld zu geben, an den Niederschlägen, die sich höchstens in Wassertropfen zeigen.

Was bleibt, sind vermutlich Profile.

»Wollen wir uns mal zum Spazierengehen verabreden?«

Wollen nicht, aber wir tun es dennoch. Menschen, die ich mir im Profil merke, Nasen hauptsächlich, Jacken- und Mantelärmel. Stimmen am Ohr, im Wind, irgendwo rauscht die Isar, und immer wieder weichen wir aus: Radfahrenden, Joggenden und allen anderen Menschen. »Abstand halten«, sagt das jemand, flüstert das jemand, zischt das jemand, ist das nur ein Satz in unseren Köpfen, vielleicht nur in einem; einmal sagt eine Freundin, blickt ängstlich einem Joggenden hinterher: »Wenn der so an mir vorbeiläuft, durch den offenen Mund atmet und keinen Abstand hält, da kriege ich sofort Angst.« Bleibt das Wort Angst oder bleibt sie als solche, bleibt sie mehr als nur ein Wort? Werden wir sie mitschleppen, die Angst vor Krankheit, vor Ansteckung, die vor Nähe, die Angst vor Menschen, die nicht geimpft, getestet, genesen sind, die Angst vor Menschen überhaupt? Ich wünschte, ich hätte mir den Tag gemerkt, an dem ich das erste Mal beim Lesen, ein paar Tage später beim Filmschauen zusammenzuckte, weil sich die Protagonist:innen im Buch die Hand zur Begrüßung gaben, weil sich Figuren in einer Filmszene im Theater nebeneinandersetzten, obwohl sie sich nicht näher kannten. Obwohl sie nicht zum selben Haushalt gehörten, niemand zählte durch, wie viele, niemand ließ Reihen und Sitze leer, von Abständen war nicht die Rede, die Filmszene handelte einfach von Liebe, von mehr nicht. Bleibt dieser Abstand zwischen uns Menschen, bleibt er, bleibt die Erinnerung daran? Verschwimmt sie, wird sie unscharf, müssen wir sie an einem Ereignis, Erlebnis festhalten, müssen wir sie an etwas hängen, damit sie bleibt? An das Auseinanderzucken beim Spazierengehen zum Beispiel, an die gelben Streifen, die den Boden des Supermarkts zieren, an den Ruf zu den Kindern, »aber haltet Abstand, komm dem nicht zu nahe«, für den man sich sogleich schämt. Das innere Winden, wenn man dem Kind das Gegenteil von dem beibringt, was man eigentlich wollte, Abstand zu halten, keine Nähe aufzubauen, bleib bei uns, die anderen kennst du nicht, eine Welt, in der man nicht gelebt haben wollte. Ich wünsche, die Erinnerung würde verschwommen bleiben, ich wünsche, sie würde eine solche konkrete Geschichte brauchen, damit sie nicht komplett verschwindet, ich wünsche mir das, als ich mir einen anderen Tag nicht merke, den, an dem das erste Mal das Verb »spalten« durch die Medien und sehr schnell durch die Gespräche zu gleiten beginnt, und wie viele andere Worte, denen man es nicht zugetraut hätte, ist dieses Verb eines, das bleibt.

Was bleibt, sind die Nasen, die Profile, die Gespräche über nichts. Es gibt nicht viel zu erzählen, also erzählen wir alle dasselbe, suchen die Gemeinschaft in den Alltagserzählungen, weil wir sie nirgendwo anders finden. Erzählen uns von den Spülmaschinen, die ständig ausgeräumt werden müssen, von den Kindern, den gelangweilten, den nörgelnden, den müden, den lernenden, den spielenden, den nervenden, den sehnsüchtigen, manchmal den im Moment lebenden, den trotzdem strahlenden, wir fügen ein »trotzdem« ein, vergessen nicht, es einzufügen. Wir erzählen von Einsamkeit, manchmal der Einsamkeit alleine, manchmal der Einsamkeit zu zweit, der in der Familie. Erzählen einander von langen Telefonaten, und wie wir eigentlich zu müde sind, um zu telefonieren, so wie wir auch zu müde sind für dieses Gespräch, das wir jetzt, gerade, im Spazierengehen, im Profil führen, während das Handy die Schritte zählt, und in dem wir Pause machen, um anderen Menschen auszuweichen. Ich merke mir die Jackenfarben der Menschen, mit denen ich in jenem Jahr spazieren gehe; in jenem Lockdown könnte ich auch sagen. Eines der Kinder schlurft beim Gehen, das fällt mir erst jetzt auf, dass es die Füße, die Stiefel quasi über den Asphalt zieht, schiebt, während die Kieselsteine ein nervtötendes Geräusch unter den Schuhen von sich geben; sie beschweren sich, wie ich es auch tue: »Kannst du nicht die Füße anheben beim Laufen«, und ich verkneife mir, im besten Falle, »wie alle anderen Menschen?« Ich frage ihn, ob er das immer macht, oder ob er das nur gerade macht, weil er nicht neben mir laufen möchte, nicht spazieren gehen, aber er muss heute, muss, auch mal, an die frische Luft, er weiß darauf keine Antwort.

»Schaut mal da, der kleine Hund«, sage ich, was ich nur sage, um etwas zu sagen. Sechshundertachtundsechzig vermutlich, ich zwinge mich, nicht schon wieder aufs Handy zu blicken.

Einmal machen wir einen Münzen-Spaziergang. An jeder Straßenkreuzung werfen wir eine Münze, Kopf heißt rechts, Zahl heißt links, oder es ist andersherum – es spielt auch keine Rolle, weil es ja um den Zufall geht. Erst treibt uns die Münze in den Straßenzügen rund ums Haus herum, und wir sprechen darüber, dass wir hoffen, dass die Münze uns an dem Bäcker mit dem leckeren Kuchen vorbeiführt, aber bald kommt die Langeweile auf, und sich ständig herunterzubücken, um die Münze aufzuheben, entpuppt sich als langweilige Angelegenheit, und das Zuhause winkt von ganz nah. Wird das bleiben, die verzweifelte Suche nach Kreativität? Einmal klebe ich Leuchtsterne an die Wohnzimmerdecke, und wir schleppen Isomatten und Schlafsäcke ins Wohnzimmer, um »zu verreisen«, um »unter dem Sternenhimmel zu zelten«, »hast du ihn auch gehört, den Fuchs?«, fragt das Kind.

»Nein, ich höre nur den Wind.«

»Haben wir Taschenlampen dabei?« Haben wir, ich höre nicht den Wind, höre die Spülmaschine in der Küche, höre, dass ich eigentlich müde bin; nachts wache ich auf, der Rücken tut weh, lasse den Schlafsack liegen, wanke in mein Bett. Das kann man beim Zelten nie.

Erzählen wir uns weniger im Profil? Erzählen wir uns weniger, weil es nichts zu erzählen gibt; wir erzählen uns mehr von unseren Eltern. Erzählen uns von unseren Eltern, die wir selten, gar nicht, nur über Bildschirme sehen, deren Altern, deren Einsamkeit ich erst jetzt sehe, obwohl ich mich nicht traue, die Frage, ob sie sich so sehr vergrößert hat, zu beantworten. Wie oft habe ich sie in den vergangenen Jahren besucht, wie oft angerufen, ohne »ich muss jetzt wieder los« zu sagen, wie oft habe ich ihnen gelauscht, in ihre Augen geblickt, die, sehe ich das erst jetzt, oder geschieht das erst jetzt, zielsicher an Farbe verlieren?

Meine Mutter geht spazieren, ich gehe spazieren, zwischen uns Städte, Kilometer, Wälder, eine Generation, verschiedene Kulturen, Distanz, eine Bundesland-Grenze. Ich rufe sie an, sie keucht ein wenig, »ich laufe«, sagt sie, »gerade die Treppe«.

»Weißt du noch, die Treppe, da hinten bei unserem Haus?«, erklärt sie, und ich bin mir nicht sicher, ob sie das nur so sagt, weil sie spricht, weil wir ein Gespräch beginnen, oder ob sie sich wirklich nicht sicher bin, ob ich mich an die Treppe, die in der Nähe des Hauses, in dem meine Eltern leben, verläuft. Ich erinnere mich, antworte ich, und dann erzählt mir meine Mutter von ihrer Route. Ihrer täglichen Route, und der anderen Route, die sie nimmt, wenn sie eine Freundin zum Spazierengehen trifft. Dein Vater, erzählt sie, geht frühmorgens und spätabends spazieren, ich frage nicht, warum. Vermutlich Gewohnheit, die Zeiten, in denen er auch mit dem Hund spazieren ging, der Hund ist vor Kurzem gestorben. Ich frage nicht, warum, weil die Zeit eine dunkle ist, und ich nicht an Dunkelheit erinnern möchte, frage nicht, geht ihr denn nicht gemeinsam spazieren? Meine Mutter erzählt mir von einem Podcast, den sie beim Spazierengehen hört, ich stelle sie mir vor, die großen Kopfhörer, die sie an den Ohren festmacht, die mein Bruder ihr schenkte, die graue Mütze, die sie über die Ohren zieht, stelle sie mir vor, wie sie die Handschuhe schnell, nervös von den Händen zieht, um auf das grüne Hörer-Symbol drücken zu können, als sie meinen Namen auf dem Bildschirm erblickt. Vielleicht fällt ihr ein Handschuh hinunter, und hier bremse ich die Vorstellung aus, halte den Film einfach an: Weil ich nicht sehen möchte, wie viel Mühe es ihr mit ihren beinahe achtzig Jahren macht, sich hinunterzubeugen, um den Handschuh aufzuheben. Schüttelt sie ihn, um den Dreck abzuschütteln, den Matsch? Ich erzähle meiner Mutter von meiner Route, erzähle ihr nicht von dem Hund, der dem ähnlich sah, der vor Kurzem verstarb. Meine Mutter und ich gehen miteinander spazieren, wir erzählen einander dabei, von ebendiesem Spazierengehen, Kilometer zwischen uns, viele Fragen. Manchmal, zwischen zwei Bäumen, ganz kurz der Wunsch: wieder ein Kind zu sein und meinen Kopf auf ihre Schulter zu legen. Wie sehr würde sie das lieben, wie wenig ertrüge ich das.

Erzählungen im Profil: Eine Freundin erzählt, dass sie das auch täte, beim Spazierengehen mit ihrem spazierenden Vater zu telefonieren, ein-, zweimal die Woche, und dass sie sich von Vögeln erzählen, die sie auf diesen Spaziergängen hören, und darüber, was sie sehen, erzählen sie sich auch viel. Ich sehe was, was du nicht siehst, und ich erzähle dir davon in meinen Telefonhörer. Schicke meine Stimme zu dir, den ich nicht sehen kann, sagt sie Papa zu ihm, frage ich sie, stelle mir den Papa vor, den achtzigjährigen Papa.

Ich möchte nie wieder spazieren gehen, sage ich zu meiner Mutter, da schmunzelt sie, oder ich bin es, die schmunzelt. Die Sonntagsspaziergänge, früher. Meine Eltern, meine Großmutter, möglicherweise ich.

»Komm doch mit, du musst auch mal an die frische Luft.«

Neben der Langeweile die Angst an der Hand: Jemand könnte mich so, mit meinen Eltern spazierend, sehen. Wie peinlich wäre denn das, ich sage das so, frage mich nicht, ob sie dieser Satz schmerzen könnte. Sehe nur mich und um mich herum meinen Schmerz, meine Sorgen. Fühle mich immerzu alleine und in diesem Alleinsein groß. An einem dieser Sonntage, Favoritepark hieß der Ort, da liefen Hirsche herum und einem über den Weg, treffe ich eine andere aus der Schule. Die da seelenruhig mit ihren Eltern spazieren geht, möglicherweise auch mit ihrer Großmutter, so genau merke ich mir das nicht, nur den Satz meiner Mutter: »Siehst du, die geht auch mit ihren Eltern spazieren. Und schämt sich gar nicht dafür.«

Laufe ich, nun beschwingter, neben ihnen her? Verlangsame ich meine Schritte, um Distanz zu signalisieren, ich gebe meiner Mutter auf keinen Fall recht.

Ich schmunzle, schmunzelt meine Mutter? Sie erzählt mir, dass sie mit meiner Tante in den USA über Skype telefonierte, dass sie ebenfalls über das Spaziergehen sprachen. Wir schmunzeln jetzt gemeinsam darüber, wie die Familie über Landesgrenzen und Ozeane hinweg sich von Spaziergängen erzählt. Ich schmunzle, währenddessen bangen, trauern, leiden, all die anderen Verben, die ich weglasse, die ich nicht schreiben möchte, Menschen. All die Menschen, die das tun, was ich nicht einmal aufschreiben möchte.

Ich denke, ich werde mich nie wieder über das Spazierengehen beschweren, siebenhundertdreiundvierzig, und ich glaube nicht, dass das, was über die zehntausend Schritte gesagt wird, dass man abnimmt, wenn man das regelmäßig, also täglich tut, stimmt. Wird das bleiben, das ständige Essen in der Pandemie, werden wir uns an die Kühlschranktür erinnern, vor der wir standen, was könnte ich, sollte ich, ich hab doch eigentlich keinen Hunger, ich esse jetzt trotzdem was. Wird der Erinnerung Bitterkeit beiliegen, weil wir uns der Tatsache bewusst sein werden, dass es so viele Menschen gab und gibt, die keinen Kühlschrank haben, den sie öffnen können, um darüber zu sinnieren, was sie aus Lust, Langeweile, Laune, nicht Hunger essen könnten, oder wird die Erinnerung eine lustige sein? Achthundertsiebzehn, ich wünschte, ich wäre mehr so ein Natur-Mensch, der sich mehr an den Bäumen, dem Wasser in der Isar, den sich ineinander verästelnden Zweigen erfreut. Der eine größere Freude an diversen Baumwurzelformen hätte.

Wir erzählen uns im Profil, aber wir schweigen weniger miteinander.

»Sollen wir uns mal, zum Spazierengehen, verabreden?« Wenn man sich zum Spazierengehen verabredet, und zu sonst nichts, nicht zum Kochen, nicht zum Trinken, nicht zum Essen, nicht zum Spielen, nicht für Theater, Kino, Ausstellungen, nicht um gemeinsam jemanden zu besuchen, und nicht um sich in die Augen zu blicken, um sich vielleicht zu umarmen, und an der Länge der Umarmung zur Begrüßung bereits schon zu spüren, dass man nicht allein ist auf der Welt und nicht allein mit Sorgen und Ängsten, dann darf das Spazierengehen auf keinen Fall verschwiegen werden, dann scheint Schweigen eine Zeitverschwendung zu sein. In dieser Zeit, in der wir zu viel über Videoprogramme und an Telefonen sprechen, in denen – so Studien – die Zeit der durchschnittlichen Telefongesprächslänge undurchschnittlich schnell steigt, in der wir uns daran gewöhnen, Menschen in kleinen Kästchen zu sehen, aber nicht mehr wissen, wie sie riechen, diejenigen, die wir so gern haben, dass wir sie umarmen und uns an sie lehnen, und die fremden Menschen, die in Bussen und Bahnen neben uns stehen, erzwungenermaßen dicht gedrängt, verlernen wir vielleicht, miteinander zu schweigen. In dieser Zeit, in der »dicht gedrängt« aus unserem Wortschatz verschwindet, laufen wir nebeneinander her, von Tag zu Tag und manchmal von Stunde zu Stunde, laufen durch das Leben, aber verlieren das Gefühl, einen Einfluss auf diesen Verlauf zu haben, laufen wir nebeneinander her, reden nach vorne, warten, dass die Luft unsere Worte ins Ohr neben uns trägt. Wir lächeln zu wenig, nicht nur, weil es für viele nicht viel zu lächeln gibt, in jener Zeit, in der das Wort »Nähe« zu einer Sehnsucht wird, sondern auch weil das Lächeln verdeckt wird, von unseren Masken, oder übersehen, weil wir so laufen, nebeneinander. Die Augen blicken nach vorn, sie sehen Bäume, Himmel, Wege, sehen Rücken, Haare von hinten, da sind keine anderen Augen, die sie treffen könnten mit einem Blitzen, es sei denn, man dreht seinen Kopf. Es sei denn, der Mensch, der neben einem läuft, der einen nicht berührt, der vielleicht Abstand hält, der sich vielleicht wünscht zu berühren, der sich vielleicht sehnt, dreht zur selben Zeit den Kopf ebenfalls zur Seite. Dann hätten die Augen die Chance, sich einmal zu berühren.

Die Arme, die Hände, die haben keine Chance.

»Ich will sie nicht zum Spazierengehen treffen«, sagt mein Sohn eines Tages über Freund:innen der Familie, und diesmal ist die Unlust nicht der Langeweile geschuldet. »Ich bin sonst nur wieder traurig, dass ich sie nicht umarmen darf«, und ich widerspreche nicht, erzähle ihm nichts davon, dass die Luft frisch sei und er sich mal dringend bewegen müsse.

Was bleibt von jenen Tagen und Wochen, neunhundertsieben, was bleibt von den Schritten, die immer in eine Richtung führen, aber nicht immer nach vorn. Die abgelöst werden von den nächsten Schritten, wie die Tage sich auch ablösen, ohne Auf Wiedersehen zu sagen und ohne groß zu verkünden, ob sie an den Anfang oder in die Mitte der Woche gehören. Für die Masken habe ich erst keinen Platz, wohin mit denen, zu den Schals, aufs Fensterbrett im Flur, in die jeweiligen Schränke, dann sehe ich beim zweiten festen Haushalt, mit dem wir Kontakt haben, so sagen wir das und schütteln nicht mehr die Köpfe über diese Worte, einen Schuhkarton im Flur, ein Aufbewahrungsplatz für Masken. Klaue die Idee, nun steht auch in unserem Flur ein Schuhkarton für Masken. Den werde ich aufbewahren, denke ich am Anfang jedes Mal, wenn ich ihn öffne, wenn ich eine der Masken hineinlege, gewaschen, gebügelt, oder eine raushole, den und diese Maske hier, weil jemand von uns sie »Lieblingsmaske« nennt. Wir haben jetzt Lieblingsmasken, und ich stelle mir vor, wenn ich diese hineinlege oder heraushole, wie ich den Karton mit diesen Masken im Keller verstaue, neben den Kisten, in denen die Babysachen der Kinder liegen, die ich zur Erinnerung aufbewahre. Die Masken bleiben, die Pandemie, und eines Tages vergesse ich diesen Gedanken, oder verstaue ihn: diesen Gedanken, der die Möglichkeit beinhaltet, dass diese Kiste eines Tages vielleicht wieder auszieht, dass sie ihren Platz in meinem Flur nicht mehr braucht. Bleiben die Masken, bleiben sie für immer, in unseren Leben, ein Alltagsgegenstand, oder werden sie eines Tages in Museen ausgestellt? Werden sie eine Erinnerung bleiben, von welchen Erinnerungen werden sie umkreist? Zahlen bleiben möglicherweise hängen, Zahlen von Toten, Erkrankten, aber die Einsamkeiten werden nicht gezählt.

Zehntausend Schritte, jeden Tag, aber an keinem einzigen blicke ich in dem Moment, in dem aus der vierstelligen Zahl eine fünfstellige Zahl wird, aufs Handy. Man müsste doch meinen, der Wahrscheinlichkeitsrechnung halber, dass der Zufall es zumindest einmal so will. Zehntausend Schritte, wie viele Bäume, wie viele Eltern mit Kinderwagen, wie viele Hunde, wie viele Worte, in den Wind geflogen, wie viele Menschen, Tränen, Ängste, wie viel verlorene Zeit. Wie wenig werden wir an Erinnerungen mitnehmen, oder wie viel, welche Worte, welche Distanzen, Nachrichten, Rituale; es ist, wenn ich die zehnstellige Zahl auf dem Display erblicke, noch nicht einmal ein befriedigendes Gefühl. Einfach weiter gehen, vielleicht wieder irgendwohin.

JOHNY PITTS
Ein afropäischer Flaneur

Nach der Führung ließ ich die Gruppe am Eingang der Métro zurück und machte einen Spaziergang durch die schattigen Gassen um Château Rouge zu meinem Hostel. Vielleicht wegen des Namens Château Rouge fiel mir mehr rotes Licht auf, als ich sonst bemerkt hätte: Warme Rottöne sickerten unter Türen hindurch, lockten um die Ecke, fielen aus Ladenfenstern und spiegelten sich auf dem feuchten Pflaster. Bettler waren auf den Straßen, und es roch nach brutzelndem Fleisch mit einem leichten Nebengeruch von Seitenstraßenmüll, ausgeströmt von den verrottenden Abfällen der Obststände und dem fischigen Wasser des Eises, mit dem die Händler ihre Meeresfrüchte frisch gehalten hatten. Ladenbesitzer, deren Öffnungszeiten sich an diesem Tag offenbar nach der Nachfrage ihrer Kunden richteten, sahen sich auf kleinen schachtelförmigen Fernsehgeräten afrikanische Fernsehsendungen in schlechter Bildqualität an. Im Dunkeln erinnerten mich die Straßen ein wenig daran, wie ich nachts in Freetown, der Hauptstadt von Sierra Leone, umhergewandert war. Es war dieselbe wilde Magie, halb bedrohlich, halb einladend – eine Enklave, die nicht auf dem offiziellen Radarschirm war und das sonst so überzeugende Pariser Postkartennarrativ konterkarierte. Obwohl ich – ein bisschen – nervös war, war ich auch irgendwie erleichtert, weil ich mich nicht durch Fremdes, sondern Bekanntes bedroht fühlte. Château Rouge war wie Firth Park und Peckham: Man war in der Nacht gut beraten, wenn man ein wenig Vorsicht walten ließ. Die gegenteilige Haltung wird von selbstvergessenen Hipstern eingenommen, die sich volllaufen lassen und laut werden. Sie betreten solche Viertel in dem Geist eines furchtlosen Kolonialismus, der schon ihre Vorfahren auszeichnete, schlafen mit Eingeborenen, bekommen Schwierigkeiten und hauen ab, sobald ihnen die Sache zu ernst wird.

Mir kam der Gedanke, dass ich mein Lager, solange ich in Paris war, eigentlich in »Klein Afrika« aufschlagen sollte, wenn ich die schwarze Kultur in der Stadt kennenlernen wollte. Also sah ich mich nach Hotels um. Ich fand vier oder fünf eher armselige Etablissements, die alle von Algeriern geführt wurden. Aber ich wurde überall abgewiesen – eine Überraschung, weil Araber nach meiner bisherigen Erfahrung extrem gastfreundlich sind. In ganz Frankreich jedoch stellte ich fest, dass die arabischen, und insbesondere die algerischen Communitys auf eine Art hart und brutal gemacht waren, wie dies in anderen Ländern, wo Araber leben, nicht der Fall ist: Was machte dieses Land mit ihnen?

Die Hotels, in denen ich anfragte, waren nicht nur alle belegt, sondern sie waren es offenbar auch für immer. In einem Hotel mit fleckigen Vorhängen in der Lobby und einem ausgefransten roten Teppich mit Blumenmustern, der nach siebziger Jahren aussah und nach seinem Zustand zu urteilen auch aus dieser Zeit stammte, fragte ich den Empfangschef, ob ein Zimmer frei sei. Wenn ich »Empfangschef« sage, meine ich einen Mann in T-Shirt und Sandalen, der mich mit finsterem Blick gefragt hatte, was ich wolle. »Nein, voll, voll«, sagte er, als ich mein Anliegen vorbrachte, und wies mir die Tür. »Wann wird wieder ein Zimmer frei?«, fragte ich – in dem Bewusstsein, dass ich in diesem Hotel ohnehin niemals bleiben würde. »Noch sehr lange nicht«, war die Antwort. War die Nachfrage nach Unterkünften in Château Rouge wirklich so stark?

Ich blieb also die nächsten paar Tage in meinem Hostel in Montmartre und wurde eine Zeitlang in die romantische Sichtweise von Paris hineingezogen: die offizielle Sichtweise, die es die Welt sehen lassen will. Ich flanierte durch die Stadt und wurde vom Tourismus eingelullt. Kaum ein Weg im Stadtkern von Paris, der nicht zu irgendeinem touristischen Trampelpfad gehört und zu einem unschätzbar wertvollen Kunstwerk oder einer Szene aus einem berühmten Film führt. Ich wandelte in Montparnasse auf Hemingways Spuren, kam an den Lieblingsorten von Gertrude Stein, F. Scott Fitzgerald, Salvador Dalí, Pablo Picasso und anderen vorbei und zahlte acht Euro für einen Kaffee in La Closerie des Lilas, einem Lokal, wo sie verkehrt hatten. Das Innere der Brasserie war prächtig, mit dunklen, glänzenden Eichenmöbeln und burgunderroten Polstern, die in der schwachen Beleuchtung schimmerten, so dass es aussah, als sei der Ort aus Schokolade und Karamell gemacht. Ich bin mir sicher, dass das Lokal in den zwanziger Jahren bescheidener war, aber Hemingway war ein Hipster. Er gehörte zu den vielen Schriftstellern und Künstlern einer bestimmten Ära, die zynischerweise ein Image als arme Schlucker pflegten, die sich in Paris mühsam durchschlagen mussten. Für mich war es eine ausgesprochen bittere Erkenntnis, dass sie fast alle Geld wie Heu hatten. Alles war verlogen: Wenn es ihnen irgendwann zu viel wurde, das malerische Elend im Paris der zwanziger Jahre zu kolonisieren, zahlten ihnen ihre Eltern die Fahrt in ihr heimisches Mittelklasse-Amerika oder sonst wohin. Ich hatte zehn ganze Jahre gearbeitet wie ein Tier, um mir meine Rundreise durch Europa leisten zu können, und mich dennoch einigermaßen schwer verschuldet, um sie zu finanzieren. Später fragte ich mich, ob das der Grund war, warum ich auf meiner Reise so wenigen schwarzen Backpackern begegnete. Meine Leute gaben jeden Penny, den sie sparten, fürs Überleben aus: Bildung, einen Haushalt aufbauen und aufrechterhalten, regelmäßige Mahlzeiten und so weiter. Vielleicht waren deshalb Festivals, Camping und andere unbekümmerte Freizeitaktivitäten in der Regel auf die Mittelklasse beschränkt. So zu hungern, wie Hemingway es in *Paris – Ein Fest fürs Leben* (1964) beschreibt, ist der denkbar größte Luxus; Leiden als Experiment, Schmerz für literarische Zwecke, Sparsamkeit als Vergnügen. Sehr viele der gammeligen Kreativen jener Zeit – die großen Namen des frühen 20. Jahrhunderts – hatten Talente und Fähigkeiten, die durch Freizeit und Leichtlebigkeit möglich geworden waren. Wichtige Kunst zu erschaffen und, wichtiger noch, dabei integer zu bleiben, war ein kostspieliges Unterfangen, wenn man sich nicht dadurch zerstören ließ, wie es in jener Zeit so vielen schwarzen Künstlern passierte. Aber was soll's, hier war ich, bankrott und braunhäutig, schlenderte durch die Spätherbstnachmittage und versuchte, nicht zu sehr an die Zukunft zu denken … grübelnd, zufällig auf Dinge stoßend, schreibend, wandernd, fotografierend, dokumentierend und die berühmten Denkmäler von Paris mit neuen Augen sehend: Europa mit den Augen eines echt bankrotten, aber unbelasteten schwarzen Reisenden, der allmählich die suggestiven Pariser Hintergründe ausblendet und sich auf die unsichtbare Blackness im Vordergrund konzentriert.

Als ich am Fuß des Eiffelturms umherwanderte, kam es mir zum Beispiel weniger auf das grandiose Monument vergangenen Ruhms als auf die um ihre Existenz kämpfenden Communitys der Immigranten an: auf die Männer aus Westafrika, die kleine Eiffeltürme und Rasta-Bänder verkauften, die Inder mit Billigspielzeug und Plastikhubschraubern, deren Rotor sich drehte und die offenbar auf jedes Kind, das vorbeikam, eine magische Anziehungskraft ausübten, und auf die entrechteten Roma, die mit einem Schildchen bettelten, auf dem stand, dass sie taubstumm seien. In fast allen Großstädten, die ich besuchte, hatten die Roma den Ruf, der Abschaum Europas zu sein. Niemand wollte sie in seiner Nähe haben. Oberflächlich betrachtet vielleicht nachvollziehbar: Angeblich waren viele von ihnen kriminell, und die Männer und Frauen, die durch Paris liefen und vorgaben, taubstumm zu sein, waren allgegenwärtig. Systemisch gesehen jedoch waren die Roma tatsächlich taubstumm – sie besaßen kaum eine Vertretung in machtvollen Institutionen und hatten, um zu überleben, ein inoffizielles Leben abseits der europäischen Gesellschaft kultiviert. Sie wurden nach dem Zusammenbruch des Sowjetreichs und der darauffolgenden Spaltung der Tschechoslowakei in ganz Europa verfolgt (mit der Spaltung der Tschechoslowakei wurden Hunderttausende Roma staatenlos). Dies führte zu hoher Arbeitslosigkeit und zu Vertreibung. Dabei machten die Roma das Beste aus ihrer neuen Reisefreiheit, als sich die meisten osteuropäischen Länder dem gemeinsamen Markt anschlossen. Ihre Lage in Westeuropa ist indes nicht viel besser. In den letzten Jahren wurden ihre Siedlungen abgerissen, und im Jahr 2009 transportierten bewaffnete Polizisten Roma, die sie bei einer Razzia in einer Siedlung in der Nähe des Bahnhofs von Bobigny festgenommen hatten, mit der Straßenbahn ab. Der Vorgang erinnerte schmerzhaft an die Deportationen der Nazis, zumal der Bahnhof von Bobigny zum Gedenken an die 22 400 Juden, die während der deutschen Besatzungszeit von dort aus in Konzentrationslager verschleppt wurden, unter Denkmalschutz steht. Frankreich schob Tausende Roma ab, die aus Rumänien und Bulgarien gekommen waren (obwohl beide Länder damals schon in der Europäischen Union waren), als es der damalige Präsident Nicolas Sarkozy explizit auf Arbeitslose rumänischer und bulgarischer Herkunft abgesehen hatte. Offenbar waren einige Länder europäischer als andere – ein frühes Anzeichen für die Schwierigkeiten bei der Integration der osteuropäischen Länder in den Staatenverbund.

Als ich den Platz unter dem Eiffelturm überquerte, kam ein junger Mann mit Dreadlocks und einem strahlenden Lächeln auf mich zu und fragte mich, woher ich käme. »England«, sagte ich. Noch während ich antwortete, hatte er bereits begonnen, mir in einem raffinierten Kreuzmuster ein Armband anzulegen. »Wie viel?«, fragte ich. »Für dich nichts, Bruder«, sagte er. Er akzeptierte »England« nicht als mein Herkunftsland und fragte: »Woher kommst du *wirklich*?« Diese Frage bedeutet eigentlich: »Warum hast du braune Haut?« Wenn ein Weißer das fragt, scheint die Frage immer eine unangenehme Nebenbedeutung zu haben, so als sagte er: »Mach dich klein und offenbare dich, Fremder«, wie Caryl Phillips es ausdrückt. Stellt mir dagegen ein Mensch mit schwarzer Haut dieselbe Frage, ist offenbar das Gegenteil der Fall. Er meint: »Du bist wie ich, du kommst her, wo ich herkomme, erklär mir das, Bruder.« Ich sagte ihm, dass mein Vater Afroamerikaner sei und sich bei einem kürzlich vorgenommenen DNA-Test herausgestellt habe, dass ich aus den heutigen Ländern Togo, Sierra Leone, Gambia, Elfenbeinküste, Ghana und Senegal stamme. Er lächelte und sagte: »Ich bin aus Ghana und mein Freund da drüben ist aus Sierra Leone.« Er winkte den Freund herbei, und wir setzten die Verbrüderung zu dritt fort. Ich fragte mich allerdings, ob ich mich nicht von einem Bruder wieder in einen Touristen zurückverwandeln würde, sobald ich ein wenig Geld abgedrückt hätte.

»Und wie ist das Leben hier in Paris, Bruder?«, fragte ich den Mann aus »Salone«.

Er sagte mit einem Akzent, der genauso afroamerikanisch wie westafrikanisch war: »Nicht gut, wenn du schwarz bist, Bruder! Keine Arbeit. Ich bin jetzt acht Monate da, und es ist zu rassistisch hier. Vielleicht gehe ich nach Großbritannien.«

Er sah mich fragend an, weil er wissen wollte, ob ich das für eine gute Idee hielt. Doch ich wusste keine Antwort. Meiner Einschätzung nach fiel Großbritannien mit seiner rückständigen, irregeleiteten Herabwürdigung der Immigranten gerade in die fünfziger Jahre zurück. Aber ich hatte meine Reise durch Europa gerade erst begonnen und schon das Gefühl, dass es vermutlich schwer würde, einen Ort zu finden, von dem man das nicht sagen konnte.

Der Ghanaer war fast fertig mit dem Armband und fixierte es mit einem Stück Schnur an meinem kleinen Finger. Dann zog er einen Nagelknipser heraus und bot an, mir die Nägel zu schneiden. Ich lehnte ab und fragte erneut: »Wie viel?« – »Für dich umsonst, aber wenn du etwas spenden willst, okay.« Er war mit zwei Euro zufrieden, und ich mochte das Armband aus roten, schwarzen, grünen und gelben Fäden. Mir gefällt die Vorstellung, dass er die Farben wählte, weil es die des Panafrikanismus sind, aber er hatte bestimmt an Bob Marley gedacht. Ich traf in Europa erstaunlich viele frisch aus Afrika eingewanderte schwarze Männer, die sich eine äußerliche Identität konstruiert hatten, die ein Pastiche aus im Westen produzierten und adoptierten kulturellen Ikonen der schwarzen Diaspora war … Spielarten von Bob Marley, 2Pac, Drake und so weiter. Für sie ging es dabei ums Überleben: Sie wussten ganz genau, dass einige Formen des Schwarzseins akzeptabler sind als andere, dass eine vom weißen Blick diktierte Hierarchie existiert.

Als ich weiterging, beobachtete ich, wie andere schwarze Männer – stets Männer – in Schichten arbeiteten. Sie öffneten den Sack mit ihren Waren und breiteten ihn auf dem Boden zu einer Matte aus, auf der sie ihre Sachen auslegten. Obwohl mehrere Communitys von Immigranten die gemeinsame Erfahrung gemacht hatten, ihren Lebensunterhalt in einem Land zusammenkratzen zu müssen, das sie nicht haben wollte, blieben sie doch wie Stämme getrennt und nutzten verschiedene Bereiche der Pariser Monumente. Oberflächlich betrachtet gab es nur wenige Interaktionen zwischen den Westafrikanern, auf die ich stieß, als ich das Champ de Mars mit dem Eiffelturm im Norden betrat, und den Indern am Fuß des Turms. Dennoch funktionierte das inoffizielle Geschäft vor meinen Augen wie ein gut geprobter Walzer. Allerdings nur so lange, bis etwas unter den Verkäufern Panik auslöste; dann war es, als bebte die Erde. In einem solchen Augenblick erkannte ich, wie raffiniert die Säcke konstruiert waren, die als Matten zum Auslegen der Ware dienten. An allen vier Ecken guckten Schnurenden hervor, und wenn man an ihnen zog, nahmen die Matten wie ein Nikolaussack alles wieder auf, was zum Verkauf gestanden hatte, und der Verkäufer konnte im Handumdrehen die Flucht ergreifen.

Ich fragte einen der indischen Männer, was denn los sei. Er zeigte zum Eiffelturm hinüber und sagte ganz ruhig: »Polizei.« Als ich mich umschaute, merkte ich, dass eigentlich gar keine Panik herrschte. Das Ganze war ein Routinevorgang, nur die eindrucksvolle Geschwindigkeit, mit der alle verschwanden, ließ den Vorgang panisch erscheinen.

Jemand musste ein geheimes Zeichen gegeben haben, denn es dauerte noch mehrere Minuten, bis ich die ersten Polizisten bemerkte. Sie jagten einen jungen afrikanischen Mann, den sie schließlich mit Gewalt zu Boden warfen. Als sie ihm Handschellen anlegten und ihn davonschleppten, machte ich ein paar Fotos und wurde von einem Polizisten wütend zurechtgewiesen. Er warf mir einen Blick zu, der mir zu verstehen gab, ich solle das Weite suchen.

Die gespannte Atmosphäre von Paris war immer noch

spürbar, als ich durch Montparnasse zurückging und anschließend der Rue de Rivoli zu den Champs-Élysées folgte. Dort sah ich eine große Gruppe gut angezogener schwarzer Männer und Frauen, die sich bewegten, als hätten sie eine Mission zu erfüllen. Ich schloss mich ihnen an und fragte eine auffallende Frau namens Shirley: groß, schwarze Haut, schwere Augenlider, rasierter Kopf und absolut symmetrische Gesichtszüge (über die ich später herausfand, dass sie nicht nur eine politische Aktivistin, sondern auch Model war), was da los sei.

»Hier ist los, dass Frankreich glaubt, uns behandeln zu können, wie es ihm passt, und dass wir davon genug haben«, sagte sie.

In einem Interview mit der traditionsreichen Nachrichten- und Kultursendung *13 Heures* hatte sich der weltberühmte französische Parfümeur Jean-Paul Guerlain, ohne mit der Wimper zu zucken, zu folgender Aussage hinreißen lassen: Ausnahmsweise habe er für sein neues Parfüm geschuftet »comme un nègre«. Wobei er, fügte er sogleich hinzu, nicht wisse, »ob die jemals so hart geschuftet haben«. Später erklärte er, er habe sich bloß einer harmlosen Wendung bedient, die viele Menschen seiner Generation verwendet hätten – damals in der guten alten Zeit, als es noch in Ordnung war, Rassist zu sein.

Auf meine Frage, warum Guerlain nichts dabei gefunden habe, in einer wichtigen Fernsehsendung sich auf diese Weise zu äußern, sagte Shirley, so etwas passiere in Frankreich dauernd. Die Weißen hätten sich so daran gewöhnt, dies völlig ungestraft zu tun, dass sie über die aktuellen Proteste der schwarzen Community regelrecht schockiert seien. Es stimmte, dass die schwarze Community nun endlich gegen den Rassismus aufstand, und zwar ganz buchstäblich: Etwa fünfhundert schwarze Frauen und Männer standen vor dem Guerlain-Geschäft auf den Champs-Élysées, und als ich auf Facebook die Anti-Guerlain-Seite aufrief, hatte sie Tausende von Likes.

Dies waren ganz andere Szenen als bei dem unorganisierten Gewaltausbruch der Pariser Aufstände von 2005. Tatsächlich war die Demonstration eine ausgesprochen intellektuelle Reaktion: Unter den Sprechern der schwarzen Community waren viele Akademiker, Kreative und Intellektuelle aus dem Mittelstand, etwa Rokhaya Diallo, eine Kommentatorin des französischen Fernsehsenders Canal+. Sie war kurz zuvor aus einem Beratungsgremium der Regierung ausgeschlossen worden, weil Mitglieder einer rechten Partei einen Beschwerdebrief über sie geschrieben hatten. Ihr Verbrechen hatte im Wesentlichen darin bestanden, dass sie schwarz und weiblich war und für andere in ihrer Lage die Stimme erhob. Nun aber war sie in guter Gesellschaft: Ananias Léki Dago, einer von mehreren unglaublich begabten neuen frankofonen afrikanischen Straßenfotografen, war der offizielle Dokumentarist der Demonstration. Ihm stand Isabelle Boni-Claverie zur Seite, eine preisgekrönte Filmemacherin aus einer französisch-ivorischen Familie, die an der Sorbonne moderne Literatur und Kunstgeschichte studiert hatte. Unter den Teilnehmern waren Familien und Studenten, Modeschöpfer und Sozialarbeiter, was der Demonstration ein elegantes Erscheinungsbild verlieh. Hier fand das positive Zusammenspiel zwischen den Kulturen statt, das ich zu finden gehofft hatte: Menschen, die zugleich französisch und schwarz waren und dennoch für etwas standen, das sich nicht durch ein zusammengesetztes Wort ausdrücken ließ. »Afropäisch« war für sie eine neue Konfiguration von Ideen – mit Afrika und Europa verknüpft, aber beide transzendierend. Sie waren die Gesichter der zweiten, dritten und vierten Generation des neuen multikulturellen Europa, Söhne und Töchter des Postkolonialismus oder vielleicht des Dekolonialismus. Sie waren in Europa ausgebildet worden, zahlten Steuern und engagierten sich in der Gesellschaft, aber dennoch sagte man ihnen immer wieder, dass sie nach Hause gehen sollten, nicht nach Frankreich gehörten und nicht richtig aussähen. Für mich waren sie ein gemeinsamer Ausdruck der exponentiell zunehmenden kulturellen Austausche seit den Tagen der Eroberung und eine deutlich zu erkennende sowie zusammenhängende Kultur, die das von W. E. B. Du Bois diagnostizierte »doppelte Bewusstsein« aufhob, das als »zwei Seelen, zwei Gedanken, zwei nicht versöhnte Streben, zwei sich bekämpfende Vorstellungen in einem dunklen Körper, den Ausdauer und Stärke allein vor dem Zerreißen bewahren«, beschrieben hatte.[1] Die Grenzen zwischen Blackness und Europanness wurden, selbst bei einem solch spannungsgeladenen Ereignis, verwischt.

Diese Demonstration war für mich, als würde ich den afropäischen Kampf persönlich und aus nächster Nähe sehen. Jean-Paul Guerlain stand für das alte europäische Privileg. Er war der Erbe einer Dynastie, die sein Urgroßvater Mitte des 19. Jahrhunderts gegründet hatte, als er an Napoleon III. Parfüm verkaufte. Dieser Kaiser hatte die französische Außenpolitik geöffnet, um das französische

Reich zu vergrößern, und damit die zweite Phase der französischen Kolonialherrschaft eingeleitet. Tatsächlich war das Paris der Champs-Élysées und der Haussmann'schen Boulevards nur durch die Reichtümer überhaupt möglich geworden, die die kontinuierliche Erweiterung von Kolonialismus und Sklaverei vom 17. bis zum 19. Jahrhundert ins Land gespült hatte – Schätze, denen die industrielle Revolution und ein Großteil des europäischen Wohlstands zu verdanken war.

Das Geschäft war mit roten, weißen und schwarzen Transparenten bedeckt, die zum Boykott von Guerlain aufriefen. Renée Clément von der panafrikanischen Organisation des États Unis d'Afrique, der Organisation der Vereinigten Staaten von Afrika, sprach durch ein Megafon zu den versammelten Demonstranten. Ihre Haare waren straff nach hinten gebunden, und sie trug einen scharlachroten Lippenstift, was ihr eine strenge Eleganz ähnlich der Chefin eines Fortune-500-Konzerns verlieh. Sie war von Mitgliedern ihrer Organisation und vielen anderen Aktivisten umringt, alle mit einem ähnlichen Erscheinungsbild, was mich an die Veranstaltungen der Black Panthers in den siebziger Jahren erinnerte: Die Form war wichtig für die Funktion der Worte; die Gruppe strahlte eine zornige, aber gefasste und intellektuelle schwarze Kraft aus. Alle trugen schwarze, eng anliegende Kleidung, Rollkragenpullover oder Lederkombi, Afro-Look oder Zöpfchen. Die sich versammelnde Menge und die Aktivisten schienen einander alle zu kennen. Ich glaube, ich selbst hatte in Europa noch nie eine so schwarze, so organisierte und so schöne Szene gesehen.

Ich dachte an einen Besuch in New York, wo ich mich kurz zuvor mit der afrofranzösischen Soulmusikgruppe Les Nubians getroffen hatte, die aus den beiden Schwestern Hélène und Célia Faussart besteht. Sie sind in Paris geboren, zogen als Kinder in den Tschad, kehrten sieben Jahre später wieder nach Frankreich zurück und machten sich dort mit Gigs in Cafés und auf Poetry-Slams in Paris und Bordeaux einen Namen. Nach dem Erscheinen ihres Debütalbums *Princesses Nubiennes,* das für einen Grammy nominiert wurde, zogen sie nach Bedford-Stuyvesant in Brooklyn, ganz in die Nähe der Gegend, wo mein Vater aufgewachsen ist. Als ich sie nach dem Motiv für ihre Umsiedlung fragte, sagte Hélène: »Wir haben Frankreich verlassen, weil man dort nicht wusste, was man mit uns anfangen sollte. Die wollten ›la *black* musique‹ promoten, benutzten also den englischen Begriff, aber wir sagten: ›Nein, wenn ihr sagen wollt, dass wir schwarze Musik machen, dann bekennt euch auch dazu, verwendet das französische Wort für ›black‹ und nennt sie ›la musique noire‹. Doch das hat ihnen nicht wirklich gefallen. In Frankreich hasst man es, die Existenz unterschiedlicher ethnischer Herkünfte anzuerkennen, aber man findet es in Ordnung, uns in einer anderen Sprache schwarz zu nennen.« In Brooklyn fanden die Schwestern eine kreative Gemeinschaft schwarzer Künstler und Musiker, einen Stadtteil, der oft als »eine der größten afrikanischen Städte der Welt« bezeichnet wird. Talib Kweli und Erykah Badu waren ihre Nachbarn, und sie konnten ihre schwarze französische Identität auf eine Art aufrechterhalten, wie es ihnen in Frankreich verwehrt wurde. Genau das ist es, was die schwarze Diaspora Europas mehr denn je braucht: Verbindung und Zusammenarbeit, um ein Klima zu schaffen, in dem Pluralität gedeiht und Rassismus schärfer angeprangert wird. Das war die Kraft, die ich an jenem Tag auf den Champs-Élysées spürte.

Es war ein sonniger Sonntag auf dem berühmtesten Straßenstück von Paris, und die Demonstranten hatten Guerlain gezwungen, seinen Vorzeigeladen zu schließen. Die Demonstration war nicht die erste, und sie sollte auch nicht die letzte sein. In der Boutique hing nirgends eine Notiz, warum sie geschlossen war. Aber was hätte auch draufstehen sollen? »Unser Meisterparfümeur hat schwarze Menschen als *nègres* bezeichnet, und es sieht so aus, als könnten heute ein paar vorbeikommen, deshalb haben wir geschlossen. Das Geschäft geht weiter, wenn alle vergessen haben, was gesagt wurde.« Aber niemand vergaß, und dank des fortgesetzten Protests und Drucks der Boykottiert-Guerlain-Gruppen wurde Jean-Paul Guerlain, der letzte Meisterparfümeur der Familie, für seine Äußerung von einem Gericht zu einer Geldstrafe verurteilt, und die Muttergesellschaft der Marke beendete die Zusammenarbeit mit ihm.

Die Menge vor der Boutique wurde immer größer und lauter, und die Leute trugen Schilder mit der Aufschrift: »Moi non plus j'veux pas bosser comme un nègre«. Dann bemerkte ich einige große, stattliche schwarze Männer, die sich durch die Menge schoben, ganz in Schwarz gekleidet und mit der Aura einer Gruppe von Sicherheitsleuten. Angeführt wurden sie von einem Mann, der wie ein Schwergewichtsboxer wirkte, Rex Kazadi, einem früheren Gangmitglied aus den Banlieues, der sein Leben umgekrempelt hatte und sich nun politisch engagierte. Die Gruppe beobachtete die Vorgänge mit einer gewissen Distanz und verließ dann die Demonstration und ging die Champs-Élysées hinauf, als ob sie einen Auftrag hätte. Die Männer marschierten so zielbewusst, dass ich beschloss, ihnen zu folgen, und als ich sie schließlich einholte, fragte ich Rex, wohin sie gingen. Er warf mir einen scharfen Blick zu und sagte: »Bei einer Revolution geht es nicht ums Reden, sondern ums Handeln.«

Wir betraten ein teuer wirkendes Einkaufszentrum in der Nähe von L'Opéra und gingen geradewegs zur Theke von Guerlain. Die Gruppe bestand aus etwa zehn Männern, alle über ein Meter achtzig. Sie stellten sich mit dem Rücken zur Theke auf und sahen die kleinbürgerlichen Konsumenten scharf an. Es war klar, dass heute niemand mehr etwas bei Guerlain kaufen würde. Ich war ebenfalls schwarz gekleidet, und eine Weile wusste ich nicht, ob ich auch zu dieser aggressiven Demonstration gehörte. Bevor ich ging, ergatterte ich noch Kazadis Telefonnummer, und nach dem Austausch von ein paar SMS versprach er, mich in Clichy-sous-Bois, einer der berüchtigtsten Banlieues Frankreichs, zu treffen.

ANMERKUNGEN

1   W. E. B. Du Bois, *Die Seelen der Schwarzen,* Deutsch von Jürgen und Barbara Meyer-Wendt, Freiburg: Orange Press 2003 [1903], S. 25.

CHRISTOPH SIMON
Spaziergänger Zbinden

Zum Mittagessen? Milchsuppe mit Geschlechtsorganen. Jedenfalls behauptete Herr Hügli, es seien welche. Tierischer Herkunft. Er fischte sie aus dem Teller und legte merkwürdige Muster auf den Tisch, bis er Ärger mit Frau Grundbacher und Frau Wyttenbach bekam. – Auf dem Nachttisch? Stimmt, diese Fotografie stand bisher nicht da, dein Scharfblick ist unvergleichlich. Auch Pflegerin Lydia fiel sie sofort auf, als sie gestern mit Regenjacke und Regenschirm in mein Zimmer platzte, parat für unseren Spaziergang, gewappnet gegen jede Form von Niederschlag. Ungefragt nahm sie die Fotografie in die Hand, um sie genauer zu betrachten.

»Ein so fröhliches Paar!«, rief sie mit glänzenden Apfelbäckchen. Ihre Augen leuchteten vor Aufregung über die gemachte Entdeckung. »Wo ist das? Ist das Ihre Frau? Wie das Bild zweier Filmstars!«

»In diesem Teich brachte sie mir das Schwimmen bei.« Ich nahm ihr den Schnappschuss aus der Hand. »Unser Sohn hat das Foto gemacht, er war damals zehn, vielleicht elf.«

»Ich wollte nicht schnüffeln«, entschuldigte sich Lydia. »Nur habe ich das Foto noch nie bei Ihnen gesehen, und als ich es da stehen sah, nun, Ihre Frau und Sie scheinen so …«

Sie beendete den Satz nicht, stattdessen rückte sie den Hocker heran, setzte sich zu mir ans Fenster und ergriff meine Hände. Und weißt du, was ich fühlte? Ich fühlte dich, deine Wärme, Lydias Hände ähneln deinen, und ich erzählte ihr von uns beiden, von unseren halsbrecherischen Ausflügen und verwegenen Schwimmabenteuern. Wie wir unter den Bäumen an diesem Teich entlanggingen, dem Ufersaum folgend, bis uns niemand mehr sehen konnte. Der Teich lag im Schatten der Bäume, die Sonne stand tief. Wir zogen uns bis auf die Unterwäsche aus und wateten ins Wasser. Du hattest das Haar auf dem Kopf mit Klammern zusammengesteckt, unser Sohn jagte Frösche am Ufer, um Pfeilgift zu gewinnen. Du schwammst durch den Teich und zeigtest mir, wie man sich bewegen musste. Dann hieltest du mich auf deinen Armen im Wasser, und ich übte das Ertrinken. Nach einer Weile hatte ich den Trick heraus und konnte einen halben Meter weit schwimmen, ehe ich unterging.

»Die Hauptsache ist, dass du keine Angst hast«, sagtest du.

Wir gaben uns die Hand und stiegen aus dem Wasser, weil es zu dämmern begann. In dem Moment schoss Markus das Foto.

Pflegerin Lydia hörte lächelnd zu, als ich ihr erzählte, dass wir uns vier Jahre lang jeden Tag geschrieben haben – »Wie geht es dir? Mir geht es gut«, *und du schreibst zurück:* »Verlobter, mir geht's auch gut, und aus all deinen Briefen weiß ich, dass es dir gutgeht. Hättest du etwas dagegen, mir zur Abwechslung einen richtigen Brief zu schreiben?«

Lydia nickte teilnahmsvoll, als ich von deinem Verehrer

aus dem Vogelbeobachtungskurs erzählte und dem Gewitter, das deswegen in mir tobte. Ich erzählte, wie schweigsam ich einen endlosen Tag lang war, nachdem du mich im Bonstettenpark auf den Mund geschlagen hattest. Ich berichtete, wie ich mich im fortgeschrittenen Mannesalter doch noch zu einer nützlichen Haushaltshilfe mauserte – und Lydia schien ebenso erstaunt zu sein wie du damals. Nur ein einziges Mal setzte ich die Staubsaugertüte falsch ein, so dass der ganze Staub herausgestäubt kam. Der abgebrochene Griff der Waschmaschine ließ sich mit Sekundenkleber reparieren. Ich stellte die Fotografie an ihren Platz zurück, Lydia bot mir an, in der Cafeteria einen Kaffee zu trinken, und warf den Regenschirm in die Ecke.

Ich denke so gern an dich, es gibt so viel zu erinnern. Ich kann mich an keine Zeit erinnern, in der du nicht ein Teil von mir gewesen wärst. Und heute – ich suche dich nicht über den Wolken, ich suche dich nahe bei mir.

Selbstverständlich fühle ich mich unbehaglich in dem Hemd, was denkst du denn, ständig muss ich mit dem Finger den engen Kragen lockern. Es ist verrückt, sich bei der Hitze so anzuziehen, aber vor der Tür wartet der neue Zivildienstleistende auf mich, und ich möchte einen vertrauenswürdigen Eindruck machen: Lukas Zbinden, wissensvoll und aufrichtig, öffnet er sein Herz jedem, der einsam oder glücklos ist, unnachsichtig und furchtlos tritt er jenen entgegen, die Unrecht tun. Ich hoffe, der Zivildienstleistende mag mich ein Stück in die Stadt begleiten, das wäre mein größter Wunsch. Und wenn ich ehrlich sein soll, wäre ich wohl auch ein wenig gekränkt, wenn er es nicht abwarten könnte, mich wieder mir selbst zu überlassen. Es ist *schöner, wenn anderen gefällt, woran man selbst Vergnügen hat. Drück mir die Daumen, Emilie.*

Kâzim, den Namen habe ich doch richtig verstanden? Reichen Sie einem alternden Spaziergänger die Hand. Mit Treppen tue ich mich schrecklich schwer. Können Sie glauben, dass dieses Betagtenheim einmal ein Privatsitz gewesen ist? Dass hier eine nur vier- oder fünfköpfige Familie gelebt hat? Die Kinder haben sich hier ans Treppengeländer geschlichen und sich hingekauert, während ihre Eltern unten eine patrizische Abendgesellschaft empfingen. – Nehmen was? Sie müssen lauter sprechen. Ich habe zwei Hörgeräte. Mit dem einen höre ich und bekomme Kopfschmerzen, mit dem andern bekomme ich keine und höre aber nichts. – Den Lift? Nein, den Lift nehme ich nie. Im Lift stehen alle steif nebeneinander, blicken starr geradeaus oder halten den Blick gesenkt. Die Tür öffnet sich, einer kommt heraus, ein anderer geht hinein, dreht sich sofort um und blickt unbehaglich zur Tür. Wer hat ihnen befohlen, zur Tür zu blicken? Muss ich einen Lift benutzen, dann wende ich der Tür gern den Rücken zu, sehe den anderen ins Gesicht und sage: »Wäre es nicht wundervoll, wenn der Lift stecken bliebe und wir uns alle kennenlernen könnten?«

Wissen Sie, was dann geschieht? Die Tür öffnet sich auf der nächsten Etage, und alle verlassen den Aufzug.

Ich weiß. Ich stelle Leuten die unmöglichsten Fragen. Ich bitte meinen Sohn, mir die Funktionsweise des automatischen Getriebes zu erklären. Ich frage den Leiter des Betagtenheims, wer ihm die Socken strickt. Frau Grundbacher, halten Sie sich für sensibel und sind bloß beleidigt?

Herr Imhof, können Sie eine Pflegefachfrau ansehen, ohne gleich den Wunsch nach tätiger Liebe zu verspüren? Herr Ziegler, unterschätzen Sie sich gern in Ihren Möglichkeiten, die Gefühle anderer zu verletzen? Herr Hügli, stehen Sie auf, um nachzuschauen, ob's regnet, oder pfeifen Sie den Kater herein und fühlen, ob er nass ist?

Wenn ich die sanft abfallende Thunstrasse Richtung Helvetiaplatz hinabspaziere und den zahlreichen Leuten, die mir entgegenkommen, unverfänglich einen guten Tag wünsche, kommt es vor, dass man verunsichert fragt: »Kennen wir uns denn?«

»Nein, aber ich wüsste gern ein bisschen was über Sie. Was treibt Sie an? Was halten Sie für wichtig?«

Und manchmal erwidert jemand verstimmt: »Unverschämter Narr.«

Glauben Sie nicht, dass mich die Ablehnung kaltlässt. Aber ich dämpfe meinen Schmerz. Wie schade, denke ich nachsichtig, dass er mich nicht kennenlernen will. Wenn ich ihn morgen wiedersehe, werde ich ihm noch eine Chance geben.

Wem verdanken Sie Anregungen, Kâzim? Gespräche auf offener Straße höre ich neugierig mit. Zuneigungsbekundungen zaubern mir ein Lächeln auf die Mundwinkel. Ganz genau horche ich hin, schwingt in den Stimmen ein bekümmerter Ton mit. In zehn Minuten werde ich durch die Abgründe des Lebens gezogen, um dankbar für mein Glück weiterzugehen. Meine Frau, Friede ihrer Seele, mochte das nicht, sie behauptete immer, ich sollte es nicht nötig haben, mich an fremden Lebensausschnittsgeschichten zu stärken. Ich berichtete ihr brühwarm ein mitgehörtes Telefongespräch eines aufgeregten Welschen am Bahnhof, dessen läufige Bernhardinerhündin im Auto auf dem Parkplatz der Hundeschule in Lausanne eingesperrt sei, und als ich mich in der Wiedergabe der französischen Fetzen stotternd verfranste, sagte Emilie gelassen: »Lukas, du verlierst dich in Einzelheiten.«

Das ist die sechste Stufe, wenn ich mich nicht irre. Eine prächtige Stufe, nicht? Die nächste Stufe ist Nummer sieben beim Heruntergehen oder achtundachtzig beim Hinaufgehen. Ist sie nicht makellos? – Bitte, was denken Sie, weshalb lege ich die Hand hinters Ohr und zucke mit den Achseln? Sie müssen lauter sprechen, Kâzim. Langsam und deutlich. – Danke, nicht der Rede wert. Gemächlich, aber es geht. Nur wenn ich die falsche Hüfte belaste.

Letzten Mittwochmorgen spaziere ich durchs Viertel. So früh zeigt sich niemand bereit zu einer kleinen Unterhaltung, bis auf den Zeitungsverteiler Bobby am Burgernziel. Einmal sind mir im Schnee die Füße weggerutscht, ich bin rücklings hingestürzt, und Bobby hat mir aufgeholfen und gesagt: »Ein weniger beweglicher Greis hätte sich glatt das Genick gebrochen.«

Mit dieser schmeichelhaften Bemerkung hat eine von uns beiden geschätzte lockere Freundschaft angefangen.

Ich setze mich neben ihn. Der Stapel Pendlerzeitungen, den er verteilen sollte, ruht auf seinen Knien. Ich erkundige mich nach seinem Wohlergehen, der übernächtigte Bobby erkundigt sich nach meinem. Dann fragt er, ob ich eine Zeitung haben wolle »für im Tram«.

Bobby ist gekleidet, wie seiner Ansicht nach ein Zeitungsverteiler im Frühsommer gekleidet sein muss: Turn-schuhe, Bluejeans, Schirmmütze, eine Windjacke, an die seine Legitimationskarte geklemmt ist.

»Die Leute reißen einem sitzenden Zeitungsverteiler die Zeitung nicht aus der Hand«, sage ich.

Bobby seufzt.

»Gib mir den Rest, ich verteile sie im Betagtenheim. Da kommt dein Tram.«

»Das ist nett, Herr Zbinden.« Bobby hebt die Schirm-mütze und ruft mir über seinen Rücken ein »Danke!« nach.

Die Haltestelle leert sich, das Tram fährt ab. Dann füllt sich die Haltestelle wieder mit Leuten. Ein Mädchen setzt sich zu mir, ein Mädchen mit Zahnspange und Schulgepäck und schlenkernden Beinen. Ich frage, ob es eine Zeitung haben wolle »für im Tram«, das Mädchen lehnt höflich ab. Es lese keine Zeitung, und ich frage, was es denn gewöhn-lich lese. Dann warte ich, weil das Mädchen mich mustert und sich mit der Antwort Zeit lässt. Ich bin so gekleidet, wie meiner Ansicht nach ein Spaziergänger gekleidet sein soll: Seglermütze, fransengeschmückte Provianttasche, schiefgetretene Halbschuhe.

»Am liebsten lese ich Märchen«, sagt das Mädchen schließlich, »Hänsel und Gretel, gerade.«

»Brotkrümel sollten ihnen den Weg nach Hause zeigen«, erinnere ich mich.

»Die Hexe wird verbrannt«, sagt das Mädchen.

»Gehst du gern zur Schule?«

»Ich kann gut rechnen und schreiben, wie eine Maschine. Und ich bin die Beste in NMM.«

»Was ist das?«

»Das weiß niemand genau, aber die Umweltverschmutzung gehört dazu.«

»Ich war früher Lehrer. Da gab's kein Fach, das NMM hieß. Wie alt bist du?«

»Elf, und du?«

»Du musst nur die Runzeln in meinem Gesicht zusammenzählen. Wie die Ringe auf den Hörnern einer Antilope.«

»Weißt du, was ich machen will, nach der Schule? Ich will einen Schmuckladen in jedem Land der Welt.«

»In jedem Land der Welt! Das ist großartig!«

»Vielleicht ohne Neuseeland. Ich hab nichts gegen Neuseeland, wir sind letztes Jahr dort gewesen. Aber es ist zu weit weg für einen Schmuckladen. Was machst du mit all den Zeitungen?«

»Ich möchte sie loswerden.«

»Gib mir ein paar, ich verteile sie in der Pause. Da kommt mein Tram!«

»Sehr lieb von dir!« Ich hebe die Seglermütze und rufe dem Mädchen ein »Danke!« nach.

Neben mich setzt sich ein Geschäftsmann, und die nächsten zehn Minuten wehrt er meine Fragen ab: Ob er eine Gazette wolle »für im Tram« – ablehnende Handbewegung. Was sein Lieblingsfach gewesen sei in der Schule – argwöhnischer Blick. Weshalb seiner Meinung nach Neuseeland von Bijoutiers gemieden werde – er rückt etwas von mir ab, als hätte ich eine ansteckende Krankheit. Ob er beruflich angekommen sei, wo er sich als Junge hingeträumt habe – starrer Blick geradeaus. Vielen Leuten, denen ich begegne, fällt es schwer, aus sich herauszugehen.

Immerhin scheint heute ein ruhiger Tag zu sein. An anderen Tagen rauschen Aktivierungstherapeutinnen und weißbekittelte Pflegerinnen und Urenkel an Ihnen vorbei, dass Sie sich am Geländer festklammern müssen wie an einer Reling, wenn turmhohe Wellen über Bord schlagen.

Hören Sie, Kâzim, ich möchte Sie nicht von Ihren Pflichten abhalten, aber würden Sie mir einen Gefallen tun? Würden Sie mich auf einen Spaziergang nach draußen begleiten? Ich weiß, dass Sie viel zu tun haben, aber ich versichere Ihnen, Sie würden einen Spaziergang nicht bereuen! Gerade weil Sie viel zu tun haben. Spazieren ist die älteste Methode geistiger und körperlicher Entfaltung. Adam und Eva sind aus dem Paradies spaziert. Sokrates schlenderte auf einer frisch eingeweihten Straße auf der Suche nach kraushaarigen Jünglingen, denen er einen Tritt versetzen konnte. Jesus und der Teufel spazierten in der Wüste und fachsimpelten angeregt miteinander. Der siebenundachtzigjährige Lukas Zbinden ist vielleicht nicht mehr so kräftig, um vor einem Pflug zu gehen, vor jedem Treppentritt sondiert er das Terrain, um nicht ins Leere zu stürzen, aber unbeirrt schreitet er durch alle Gefahren der Straße wie Moses durchs Schilfmeer. Mein Beispiel widerlegt die im Betagtenheim weitverbreitete Ansicht, alte Menschen müssten unweigerlich einem Herzanfall erliegen, wenn sie die Strapazen eines Spaziergangs auf sich nähmen.

Was denken Sie, was Spaziergängern alles zuteilwird? Außerordentliche Lebensfreude! Auf fast schon lächerliche Weise glückliche Beziehungen! Erstaunliche Lösungen von physikalischen Problemen! Isländer spazieren nackt im

Schnee, und es gelingt ihnen, ihre Körpertemperatur ohne zu rennen aufrechtzuerhalten. Und wissen Sie das Beste? Auf einem Spaziergang lernen Sie feine Lebenspartner kennen, die Sie nicht einzig wegen Steuer und Rente heiraten.

Als junger Mann, Seminarist, komme ich ins Haus eines Klassenkameraden. Da stehen vor dem Schuhgestell ein paar verdreckte hohe Stiefel. Als ich sie verstohlen in die Hand nehme, stelle ich fest, dass die Sohle ganz abgelaufen ist. Ich stelle die Stiefel hin und später frage ich – es ist eine große Familie: »Wem gehören denn die Stiefel dort?«

»Die gehören unserer Emilie.«

Wir sehen einander an – und bald mussten Verlobungsringe getauscht werden. Aber werden Sie mich nach draußen begleiten, an die frische Luft?

Sie müssen wissen, ich bin ein Gemeinschaftstier, kein Einzelgänger, ich habe gern Gesellschaft auf einem Spaziergang. Für viele mag das Alleinsein ja der entscheidende Grund sein, spazieren zu gehen. Sie wollen sich nicht unterordnen, spazieren lieber, wann und wo es ihnen passt. Sie lassen sich ungern Aussichten kommentieren, sind menschenscheu. Herausfordernd sagt etwa Herr Ziegler aus Zimmer 219: »Ein Spaziergänger ist ein Spaziergänger. Zwei Spaziergänger sind ein halber Spaziergänger. Drei Spaziergänger sind überhaupt kein Spaziergänger mehr.«

Sind Sie Herrn Ziegler schon begegnet? Er grüßt niemanden und dankt für keinen Gruß. Es liegt ihm überhaupt nichts an Begegnungen. Eine kleine, trockene Gestalt, die durchs Heim steuert, so dass sie von anderen Gestalten immer mindestens zwei Schritte entfernt ist. Das

Haupt immer ein wenig vorgeneigt, als löse er die letzten Rätsel der Menschheit – die Herkunft der Inschriften von Nazca, die Bedeutung der steinernen Köpfe der Osterinsel und der Kornkreise von Wiltshire. An einem milden Tag setzt er sich mit einem archäologischen Sachbuch auf eine abseitige Bank im Innenhof, und setze ich mich zu ihm und beginne zu sprechen, klappt Herr Ziegler das Buch zu, steht auf und geht, ohne ein Wort geantwortet zu haben. Er macht mir ein bisschen Angst. Seine Frau lebt unweit von hier im Domicil Elfenau, die beiden wollten aus Gründen, nach denen man am besten nicht fragt, in zwei verschiedenen Heimen untergebracht sein. Aber eins können Sie mir glauben: Wenigstens zeitweise spazieren auch Alleingänger wie Herr Ziegler gern zu zweit oder in einer Gruppe von Gleichgesinnten. Sie wissen: Niemand ist so vollkommen, dass er nicht von jemand anderem auf ein entzückendes rotes Nelkenbeet in der Florastrasse, ein hübsches Windchen aus Süd-Südwest auf dem Gurten, eine schummrige Sägemühle in Bümpliz hingewiesen werden könnte.

Der dort hinten auf den Lift wartet, das ist Herr Furrer. Ehemaliger Ingenieur. Ein aufgeschlossener Mann und viel freundlicher zu Zivildienstleistenden als etwa Herr Ziegler. Er erklärt Ihnen mit Freuden, wie der Springbrunnen im Innenhof funktioniert.

Zu den Vorteilen des geselligen Spazierens gehört, dass man nicht so leicht von sich selbst behelligt wird. Das ist besonders wichtig für Spaziergänger, die sich rasch von eigenen Gedanken ablenken lassen. Die über erlittene Kränkungen auf dem Polizeikommando am Waisenhausplatz brüten und geradewegs mit dem unglückseligen Rentner zusammenstoßen, der in dem Moment zufällig um den Oppenheim-Brunnen schlurft.

Nehmen Sie zwei gesellige Landspaziergänger – meine selige Frau und mich: Wir erleben zusammen den Wechsel bunter Magerwiesen mit schattenspendenden Föhrenwäldern. Wir unterhalten uns über die Umwälzungen in der letzten Eiszeit, als die Gletscher weit über Kantonsgrenzen vorstießen, um markante Moränen zu errichten. Emilie schildert das Getöse der gewaltigen Bergstürze, die nach dem Rückzug der Gletscher die Täler mit Gesteinsschutt füllten, und auf einmal finden wir uns wieder in einem unübersehbar weiten Moorgebiet. Wir gehen über schmale, halbversunkene Planken, springen von einer festen Stelle zur nächsten. Manchmal gibt der Morast unter den Füßen glucksend nach. Holzkreuze markieren Stellen, an denen jemand eingebrochen und versunken ist, aber was tut denn Pflegerin Alessandra dort im Korridor? Warum kriecht sie auf allen vieren herum? Hier lang, Kâzim. Alessandra! Sehen Sie, jetzt liefe sie gern weg, aber sie kniet auf ihrem Kittel.

Fein, Sie anzutreffen, Alessandra. Was tun Sie auf den Knien? Fühlen Sie sich nicht wohl? – Wie? Nun, vielleicht, wenn Sie die Hand vorsichtig hineinzwängen, wer weiß? Kennen Sie den jungen Herrn schon? Unser neuer Zivildienstleistender, seine erste Woche. Sein Name ist Kâzim, Seite an Seite gehen wir einträchtig die Treppe hinunter. – Richtig, Sie sagen es. Ein gewichtiger Teil meines Lebens spielt sich auf dieser Treppe ab. Ich bin schon so oft an dieser Topfpflanze vorbeigegangen, dass ich sie als enge

Freundin bezeichnen kann. – Gute Frage, Alessandra, ich weiß es nicht, gefällt es Ihnen so weit bei uns, Kâzim? – Sie sollen sich hier heimisch fühlen. Es ist nicht halb so schlimm, wie Sie es sich möglicherweise vorstellen. Man mag sich ein bisschen davor fürchten, das ging mir genauso. Als ich das erste Mal in die Eingangshalle kam und all die alten Leute sah, ich sage Ihnen, da war ich ganz verschreckt. Alessandra, wie wäre es, wenn Sie sich wieder auf Ihre zwei Füße begeben würden? Sie könnten uns begleiten. – Nein, nein, dann lassen Sie sich von uns nicht stören. Bis später! Zurück zur Treppe, Kâzim.

Sie werden bestimmt bald alle in Ihr Herz schließen: die ehrbaren Damen und exzentrischen Herren, die gesprächigen Witwen und die schweigsamen Junggesellen, die routinierten Gehbockbenützer, schlurfenden Stubenhocker mit dörrfleischigen Gesichtern. Die Verwirrten, deren Gedanken durcheinanderrollen wie Erbsen auf einem Teller. Die medizinisch Betreuten mit einem Cocktail in den Adern, bei dem Blut eine nebensächliche Zutat ist. Ausgediente Ingenieure, Gewerbetreibende, Büroangestellte, Hausfrauen, Beamte, Armeeangehörige, Feuerlöschgerätekontrolleure, Busfahrer, Übersollarbeiter, Service, Papeterie. Leute, die sich Urlaub erst gönnten, als Ferien gesetzlich vorgeschrieben wurden. Therapeuten und Küchenhilfen. Immer zwei oder drei Stufen überspringende Urenkel. Pflegerinnen, an jeder Hand einen Bewohner zum Lift führend, sich bemühend, nicht zu vergessen, dass wir schon vor dem Wechsel ins Betagtenheim ein Leben gehabt haben. Ängstliche Söhne und Töchter, die im Zuge eines Ausflugs in die Berge die Heimleitung anrufen und sie bitten, auf das Geld aufzupassen, das die alten Leute bei sich haben.

Gestern sitze ich in meinem Zimmer auf meinem Hocker mit geflochtenem Sitz und warte auf Pflegerin Lydia, die mir einen Spaziergang Richtung Tierpark versprochen hat. Sie kommt herein, trägt noch ihre Regenjacke, und sagt: »Herr Zbinden, der Spaziergang ist abgesagt. Wir gehen einen Kaffee trinken in der Cafeteria«, und hängt sich ein und zieht mich hoch.

»Mir macht Regen nichts aus«, sage ich, weil mich die Vorstellung schaudert, in der Cafeteria einen Kaffee zu bestellen und einen Nescafé zu bekommen. Für den wir übrigens jeden Monat zehn Franken einzuzahlen. Um zehn Uhr morgens ist der Raum immer brechend voll mit Leuten, die versuchen, sich einen entsprechenden Gegenwert für ihr Geld zurückzuholen, ohne dabei vor Sodbrennen umzukommen.

Also setze ich die Mütze auf und überlasse Lydia Frau Rossi, die in die Gebetsgruppe geschoben werden soll. – Müde? In Lydias Alter ist man nicht müde, Kâzim. – Die Luft? Sie meinen die Luft hier im Heim? Die macht Lydia müde? Wenn Lydia spazieren ginge und im Regen den aufgespannten Schirmen der Tierparkbesucher ausweichen müsste, hätte sie gar keine Zeit, sich müde zu fühlen.

Ich hatte dann einen ziemlich weiten Heimweg vor mir und obendrein eine mit einem ungebrauchten Regenschirm gefüllte Proviantasche zu tragen. Die Bänke des Tierparks waren längst außer Sicht, es fand sich kein fahnenbewehrter Marktplatz zum Ausruhen, und der einzige Mensch, der vorbeiging, war ein junger, vielleicht vierzigjähriger Mann.

Als er in meine Nähe kam, fragte ich ihn, ob er seine gute Tat für heute tun und mir die Tasche tragen wolle. Wortlos nahm er sie, dann, nach ein paar Schritten, nahm er meinen Arm, und noch ein paar Schritte weiter befahl er: »Stehen bleiben und tief durchatmen!«

Folgsam tat ich wie geheißen, was ihm offensichtlich gefiel, denn er wiederholte seinen Befehl alle paar Schritte. Obwohl ich wieder bei Kräften war, bestand er darauf, mich bis zum Heim zu begleiten. Wo ich auch hinwollte. Auf seine Frage, was denn im hohen Alter am schwierigsten sei, antwortete ich: »Das Hinfallen.«

Sie stolpern, Kâzim, Sie verlieren das Gleichgewicht. Sie erheben sich aus dem Sessel, fühlen Ihre Knie wanken und stürzen bäuchlings zu Boden. In ein paar Jahrzehnten werden Sie auch hinfallen, da lässt sich nichts machen. Alte Leute stürzen leicht – mein Schwager Ignaz beim Hinausstellen des Kübels für die Grünabfuhr, mein Großvater beim Sprung von der Straßenbahn. Die Versuchung ist groß, einfach sitzen zu bleiben, wo immer man sich hinsetzt. Ich kann Ihnen sagen, wie gefährlich das ist. Ganz leicht kann dies das Ende für einen Spaziergänger bedeuten. Herr Feuz, Zimmer 302, hat sich angewöhnt, statt sich zu erheben, um einen Gast zu begrüßen, einfach zu sagen: »Ich darf doch sitzen bleiben?«

Natürlich ist niemand herzlos genug zu erwidern: »Nein – stehen Sie gefälligst auf«, und doch sollte man es tun, zu seinem Besten.

Abgesehen von diesem Kampf gegen allzu häufiges Hinfallen nehme ich meine Schwächen nicht allzu ernst. Dinge zu verlieren oder zu verlegen, etwas zu verschütten, vieles zu vergessen. Die Bewegungen, mit denen ich den Mantel anziehe, sind anders als noch vor einem Jahr, und mehr als einmal ließ ich die Tasche liegen. Man sollte sich aber als alte Person nicht für weniger wichtig halten als damals, als man jünger gewesen ist. Emilie hat immer gesagt, das einzig wirklich Wesentliche sei, dass man lebendig bleibe, tätig und interessiert und dem zugewandt, was in der Natur vorgehe und in einem selber. Darüber ließe sich auf einem gemeinsamen Spaziergang ausführlicher sprechen, Kâzim.

Meine Frau war begeisterte Landspaziergängerin, müssen Sie wissen. Emilie mochte schwindelerregende Höhen, alte Holzbrücken, malerische Weiden und Obstgärten an Flussufern. Ihre Intuition hieß sie, die Wege zu verlassen und steinige Felsen zu ersteigen, die ihr einen Blick auf gelbe Felder und Hügel rings um sie gewährten. Sie mochte Kiesbänke, deren weißgraues Muster als Tarnung für das Gelege von Flussregenpfeifer und Strandläufer dienen. Vor Emilies Scharfblick war jede Tarnung nutzlos. Ihre Sehkraft war erstaunlich. Bis zuletzt konnte sie in der Weissenau still sitzende Vogel in Gehölzen erkennen, die für meine Augen unsichtbar blieben. Emilie schmerzte es immer, wenn eine Mulde mit Bauschutt aufgefüllt, ein Weg geteert, ein Holzzaun durch ein Metallgitter ersetzt wurde. Wenn vergreiste Scheunen einem Parkplatz wichen, Waldränder und Bäche begradigt wurden. Berge – früher schroff, heute eingeebnet.

Emilie! Sie hatte ein schmales, sonnengerötetes Gesicht, waagrecht ruhende Augen, eine spitze Nase, und sie war mager wie ein Lamm. Die Tochter eines Baumschulgärtners aus Ostermundigen. Ich sage Ihnen: Alles an ihr war voller Schwung. Hätten wir nicht geheiratet, ich wäre mein Leben lang hinter ihr her gewesen. Vorsicht. Vor Ihrem Fuß liegt ein wunderbares Geschöpf. Wie kommt die Raupe hierher? Hat sie der Geruch angelockt, der Geruch von Fußbodenwachs mit Limonenduft? – Wie? Nuscheln Sie nicht so in sich hinein, Kâzim. Aber bitte, auf den Ficus. Gute Idee. Glauben Sie, das Betagtenheim hat für Fremde einen seltsamen Geruch?

Ich bin vielleicht ein geselliger, aber keinesfalls ein eifriger Landspaziergänger, muss ich zugeben. Über monotone Wiesen zu gehen oder mich in Wäldern den Zecken preiszugeben ist nicht meine Sache. Für ein Pferd, das auf einer Weide grast, habe ich keinen Blick. Erst aufgezäumt und geschmückt und in einem Festzug findet es meine ganze Bewunderung. Emilie mochte Bäume, die ganz zufällig in der Landschaft stehen, ich mag Bäume gereiht. Ich habe nichts dagegen, wenn Kuhweiden in die Bauzone gelangen und durch Aluminiumhangars und kostenlos unterhaltende Geschäftsmeilen ersetzt werden. Ich sehne mich nach Ruhe, aber ich ertrage sie nicht.

Die verschiedensten Mittel wandte Emilie an, um mich aus Siedlungsgebieten zu locken. Sie drehte das Radio lauter, stellte eine unverständliche Frage, und ich nickte zustimmend. Unterwegs brachte sie mir die faszinierenden Seiten der Natur näher, während ich mich ihr zuliebe langweilte.

»Siehst du, Lukas«, konnte sie sagen, »die Tanne hat für Blätter nichts übrig und ist trotzdem grün von Kopf bis Fuß … Nicht jeder Vogel fliegt nach Afrika … Und jetzt zeige ich meinem Mann den letzten Tautropfen, wie er vom letzten grünen Blatt des letzten Zweiges am letzten Baum der Erde fällt ...«

Nörgelnd lief ich an Waldrändern entlang und zählte die Schritte. Nach einem Landspaziergang dürstete es mich oft danach, etwas Technisches zu tun, etwas, dessen Unnatürlichkeit klar erkennbar war. Ich kletterte auf einen Stuhl und wischte den Dunstabzug sauber.

Oft begleitete ich Emilie, um sie davon abzuhalten, allein über Land zu schlendern. Einmal – Emilie ist für sich im Simmental unterwegs – hält ein Mercedes und ein Arm winkt ihr vom Fenster aus zu. Sie geht hin, erwartet vielleicht lang verschollene Verwandte, aber dann sitzt niemand drin, den sie kennt.

»Möchten Sie schwimmen, junge Frau?«, fragt eine Stimme von drinnen und öffnet einladend die Beifahrertür. »Ich bin eben an einem kleinen prächtigen See vorbeigefahren, fünfzig Meter weiter hinten.«

Wenn Sie mit einer Landspaziergängerin verheiratet sind, fürchten Sie jeden Tag, dass sie in achtzehn blutdurchtränkten Papiertüten zurückgebracht wird.

Ich weiß nicht, wie sich die klimatischen Verhältnisse über die Stockwerke verändern, aber der Unterschied zwischen dem Ficus im Parterre und dem hier über dem zweiten Stock ist deutlich – der hier gedeiht viel, viel besser.

Haben Sie sich schon mit Frau Beck bekannt gemacht, von der Putzequipe? Sie verteilt Limonenduft auf dem Boden, wischt das Regal, saugt den Teppich, lüftet das Zimmer, ich verkürze ihre Arbeit durch Mitteilungen über

Dinge, die um sie herum vorgehen. Frau Beck erwidert entkräftet: »Oh, Herr Zbinden, Sie immer mit Ihrem Gerede vom Spazieren. Man sagt doch, es gibt so viele Geschmäcker, wie's Menschen gibt. Ebenso viele Hobbys muss es geben.«

»Frau Beck, ich muss mich doch sehr über Sie wundern. Spazieren ist doch kein Hobby! Wissen Sie, was Spazieren heißt?«

Sie hastet mit meiner Wäsche im Deckelkorb davon, bevor Spaziergänger Zbinden sie noch weiter aufklären kann.

Wissen Sie, was Spazieren heißt? Spazieren heißt: Aneignung der Welt. Den Zufall preisen. Unheil durch Abwesenheit verhindern. Mit den Bienen sprechen, obwohl man dafür schon etwas zu reif ist. Keine sonderliche Eile pflegen auf einer Straße, die von der Nachmittagssonne geheizt ist wie ein Backofen. Das Tram verpassen. Düsteren Jünglingen, deren Stimme noch nicht vollkommen mutiert ist, in Hörweite folgen. Gemeinsam mit Bobby die in den Schnee gezeichneten Rutschspuren lesen. Das eigene Tempo gehen. Spazieren heißt: Mehr Leute grüßen, als man kennt. Im Trubel des Weihnachtsmarkts Frau Dürig verlieren. Die Stürme von fern her wittern. Sachschaden vermeiden. Sich darüber wundern, wie viel man von einem Baum wegschneiden kann, ohne ihn umzubringen. Sich zusammen mit Emilie der Planeten, die über einem stehen, bewusst werden müssen. Spazieren heißt: Sich immer ein bisschen mehr wünschen, als ein Spaziergang bieten kann, aber niemals so viel, dass man entmutigt wird. Ein Spaziergang heilt die verstörte Seele und das gebrochene Herz. Die Tür ist offen, wer hinaustritt, wird selig.

Wird selig, ich weiß, das hören Sie nicht gern. Es erscheint Ihnen lächerlich, nicht wahr? Da gehe ich einmal über die Kirchenfeldbrücke. Zwei Männer, ein jüngerer, ein älterer, stehen vor dem Casino am Zytglogge. Als ich vorbeigehe, grüßt der Ältere: »Guten Tag, Herr Zbinden!«

Jetzt bin ich an der Reihe zu fragen: »Kennen wir uns?«

Da lacht er und erklärt dem Jüngeren: »Das ist mein ehemaliger Lehrer. Herr Zbinden. War ein ganz ordentlicher Lehrer.«

»Samuel!«, rufe ich, »Samuel Klopfenstein! Sie kamen immer zu allem zu spät«, und ich wundere mich, dass auch in einem kleinen Land zwanzig oder dreißig Jahre vergehen können, bis man seine ehemaligen Schüler zufällig trifft.

»Für den Fall, dass die Kreiden im Schwammbecken lagen, trug Herr Zbinden immer welche bei sich, drei weiße, eine blaue, eine rote. War nicht sein einziger Tick.«

»Mein was?«

»Wirklich, Herr Zbinden, Sie waren ein ganz ordentlicher Lehrer. Aber Sie sprachen immer vom Spazieren.«

»Herrje!«, rufe ich strahlend. »Das ist kein Tick!« Ich wende mich dem Jüngeren zu. »Ich nehme an, Sie haben einen Beruf, der Sie voll und ganz beansprucht. Daheim erwarten Sie zwei Kinder. Sie versuchen die Bedienungsanleitung der neuen Fotokamera zu lesen, während die kleine Diana lautstark darauf besteht, mit ihr das Bilderbuch *Schau, was krabbelt denn da?* anzuschauen, und der kleine Bruno Ihnen die Finger in die Augen bohrt, um festzustellen, ob Sie noch leben. Jetzt hängt alles daran, ob Sie sich einen Raum zur freien Entfaltung geschaffen haben, der nicht der Schnapskeller ist. Jetzt hängt alles daran, ob

Sie spazieren oder sich zu Tode trinken. Spazieren Sie, junger Mann?«

»Siehst du«, wendet der Ältere sich lachend dem anderen zu. »Jetzt fängt er wieder an.«

Sehen Sie meine Schuhe an. Lederbrandsohlen, zwiegenäht. Im Heim trage ich einfache Schlarpen. Spaziere ich in diesen Schlarpen im Innenhof, verliere ich sie immer wieder. Was schließen wir daraus? Dass ein Mensch draußen unwillkürlich energischer ausschreitet. Als meine anspruchslose Großmutter spazieren ging, trug sie Schuhe, die sie ohne Unterschied an den rechten oder linken Fuß anziehen konnte. Sie musste dies sogar, damit sie sich gleichmäßig abliefen. – Schnapskeller, hier? Sie spaßen, Kâzim, hier gibt es keinen Alkohol. Nur ein Viertel Wein bei den Mahlzeiten ist erlaubt, der Heimleiter achtet darauf, dass es dabei bleibt. Das Ergebnis sind Herrn Probsts heimliche Abstecher ins Warendepot der Küche, um dem Wein mit Kirsch nachzuhelfen. Bis wie lange nach dem Frühstück ist es für ein Glas noch zu früh, Herr Probst? Wem haben Sie Ihren Alkoholismus zu verdanken?

Auch wenn sich die Beine wacklig anfühlen, spaziere ich. Auch wenn ich überhaupt keine Lust auf einen Spaziergang verspüre. Wie man sich vor einem Spaziergang fühlt, steht oft im umgekehrten Verhältnis zu dem, was der Spaziergang bringen wird. Je schlechter man sich fühlt, desto wundervoller der Spaziergang, vielleicht, weil Missstimmungen den Adrenalinausstoß im Körper erhöhen. Ich sprang nicht gerade vor Freude an die Decke, wenn Emilie vorschlug, trotz des regnerischen Wetters nach Falken und Habichten beim Militärflugplatz Ausschau zu halten, aber ich habe doch immer nach meinen Spazierschuhen gesucht. Falken, Sperber und Habichte hockten früher auf jedem Telefonmast, müssen Sie wissen. An ihrem Verschwinden gab Emilie jahrelang ihrer Beobachtungsgabe die Schuld. Bis sie einsah, dass es sie ganz einfach nicht mehr gab.

Geht es Ihnen zu langsam die Treppe hinunter? Sie dürfen es ruhig sagen. Sie brauchen nicht aus reiner Nächstenliebe zu behaupten, gern langsam zu gehen.

Der Sonntagsspaziergang

Nach dem Mittagessen legt der Vater plötzlich die Zeitung beiseite.

»Heute werden wir einmal einen Spaziergang machen!« sagt er und blickt beifallheischend rund um den Tisch.

Margit, die Zehnjährige, sieht bestürzt auf ihre Hände nieder, sie hat sich eigentlich vorgenommen, eine Freundin zu besuchen, aber es macht schließlich nichts, mit dem Vater Spazierengehen ist auch ganz schön. Heini hingegen bekommt vor Ärger knallrote Ohren, er möchte gerne allein herumstrolchen, für Familienausflüge hat er gar nichts übrig. Der »Kleine« mit seinen drei Jahren ist mit dem Kuchen beschäftigt und denkt noch nicht. Die Mutter hat eigentlich gehofft, am Nachmittag ein bißchen lesen zu können, als sie aber sieht, wie begeistert der Vater von seinem Einfall ist, sagt sie mit einem strahlenden Lächeln: »Fein, das hab' ich mir schon lange gewünscht!« Sie nimmt vorsichtig die Brille von seiner Nase und beginnt mit ihrem Halstuch die staubigen Gläser zu putzen.

Ohne Brille kann der Vater nicht viel sehen. Die Gesichter rund um den Tisch verschwimmen zu lichten Flecken. Er fühlt sich höchst unbehaglich und versucht hilflos, zu lächeln.

Eine Stunde später ist die Familie schon unterwegs. Der

»Kleine« geht an der Hand der Mutter und redet unaufhörlich auf sie ein. Sie nickt ihm von Zeit zu Zeit zu, drückt seine runde Hand fester oder streicht ihm die widerspenstige Locke aus der Stirn.

Margit und der Vater gehen Seite an Seite. Beide mit langen, dünnen Beinen und schlenkernden Armen. Obwohl sie schweigen, fühlt die Mutter ganz deutlich, wie einig sich die beiden sind. Früher einmal war sie ein bißchen eifersüchtig auf das dünne, kleine Mädchen, aber das ist längst vorüber. Jetzt ist Margit ganz einfach ein Stück ihres Vaters, ein dritter Arm oder ein drittes Bein, man kann nicht an ihn denken, ohne sein kleines Ebenbild in den Gedanken einzuschließen.

Einmal sagt Margit mahnend: »Du mußt nicht so laufen, Papa!«

Der Vater mäßigt sein Tempo und sieht ein bißchen zerstreut und schuldbewußt auf das kleine Mädchen nieder.

Der Vater träumt nämlich. Er sitzt an einem schmalen, aber tiefen Fluß und hat gerade die Angelschnur ausgeworfen. Das Wasser ist graugrün und trüb, und er kann nicht sehen, was darin vorgeht. Er spürt deutlich die Feuchtigkeit der Erde und die Sonne, die auf seinen Kopf brennt. Leider gibt es in diesem Fluß keine Fische, das heißt, noch keinem Menschen ist es gelungen, hier einen Fisch zu fangen. Aber der Vater wartet auf ein Wunder, mit stiller, beharrlicher Zuversicht wirft er immer wieder seine Leine aus. Während seine braven langen Beine seinen Körper durch den Wald tragen, sitzt er an diesem verzauberten Fluß, das Herz voll erregender Ahnungen und mit einem ungeduldigen Kribbeln in der Hand.

Er weiß nicht, daß gleichzeitig seine kleine Tochter in einem Handarbeitsgeschäft steht und sich bunte Strickwolle vorlegen läßt. Die roten, gelben und blauen Strähnen liegen auf dem Ladentisch, und Margit möchte gerne das Gesicht in diesen weichen Schatz drücken.

»Ich sticke nämlich meinem Vater eine Buchhülle zum Geburtstag«, sagt sie zur Verkäuferin, »eine Buchhülle mit einem springenden Hirsch darauf. Der Hirsch muß braun werden, der Wald dahinter dunkelgrün und die Wiese im Vordergrund voll gelber und roter Blumen. Für den Himmel brauche ich ein leuchtendes Blau und ein bißchen Gelb für die Sonne.«

»So etwas Schwieriges willst du sticken?« staunt die Verkäuferin. »Das würde ja ich kaum fertigbringen.«

»Ja«, sagt Margit bescheiden und glücklich, »in meinem Kopf seh' ich ganz deutlich, wie es ausschauen muß.«

Jetzt müßte eigentlich bald die aufregende und beglückende Stelle kommen, an der Margit dem Vater das fertige Geschenk überreicht, aber sie will die Sache in die Länge ziehen und wühlt noch eine Weile in den farbigen Strähnen, ehe sie sich mit klopfendem Herzen dem Höhepunkt ihres Traumes nähert.

Einmal stößt sie mit der nackten Zehe gegen eine Baumwurzel, die über den Weg läuft, aber sie will noch nicht erwachen – es ist zu schön.

Der »Kleine« kann nicht mehr so recht vorwärts, er läßt sich von der Mutter ziehen. Schweißtropfen stehen auf seiner runden Stirn und sickern über die Nase. Er hat ein Stück Kuchen bekommen, und sein einziger Kummer ist, daß er mit jedem Bissen ein wenig kleiner wird. Aber wer weiß, vielleicht gibt es abends noch einmal Kuchen, und wenn ein Stückchen übrigbleibt, wird er es morgen früh bekommen. Man kann also unbesorgt in die Zukunft schauen. Voll Behagen beginnt er zu brummen wie ein junger Bär. Die Mutter hört ihn und fühlt vor Zärtlichkeit einen süßen Geschmack im Mund. Sie ist ganz wach und sieht alles: den dunkelblauen Himmel über dem Wald, die riesigen bepelzten Hummeln auf den blühenden Sträuchern und die vielen, vielen gestreiften Schneckenhäuser am Weg. Sie riecht auch den Duft der aufblühenden Maiglöckchen und spürt die Äste der Haselstaude, die sie an den Haaren zupfen.

Immer, denkt sie, immer möchte ich so weitergehen, und plötzlich, mit einem kleinen, schwachen Schreck, merkt sie, wie sehr sie sich verändert hat. Ich könnte genausogut meine Mutter oder meine Großmutter sein, denkt sie, aber auch diese waren nicht mehr sie selbst. Sie nicht und die lange Reihe von Müttern nicht, die vor ihnen gelebt haben. Ich möchte wissen, wo ich hingekommen bin! Aber sie ist eigentlich nicht sehr neugierig. Dieses frühere »Ich« ist schon so weit weg, ein blasser Schatten, an den man ein bißchen wehmütig und voll verhaltener Sympathie denkt.

Die Sonne ist schon im Sinken, als sie aus dem Wald treten, und aus dem großen Kleefeld, das nun vor ihnen liegt, steigt ein starker Geruch auf. Mit großen Schritten kommt Heini gesprungen und zeigt seine glänzenden Schneidezähne. Er hat mindestens fünfzig Maikäfer gefangen, lauter Schuster und Müller, jetzt erst, ganz am Schluß, hat er einen König gefunden.

Der kleine Monarch klettert auf seiner nicht sehr sauberen Hand umher, und Heini läßt ihn von der Mutter bestaunen.

Inzwischen erwacht der Vater und bleibt stehen. Ein verklärtes Lächeln liegt auf seinem hageren Gesicht. Seine Geduld ist belohnt, auf einmal war der Fluß mit Fischen überschwemmt, und er kann einen ganzen Rucksack voll nach Hause tragen.

Margit hat sich an seinen Arm gehängt. Sie sieht blaß und abgespannt aus, wie nach einer großen Anstrengung, und muß sich erst zurechtfinden in der Wirklichkeit.

Auch der Kuchen ist restlos aufgegessen. Der »Kleine« verzieht sein Gesicht und erklärt mit weinerlicher Stimme, müde zu sein. Auf den Armen der Mutter schläft er, den Kopf an ihre Schulter gelehnt, sofort ein. Die Mutter fühlt sein Bäuchlein rund und mit Kuchen gefüllt an ihrer Brust und muß leise lachen.

»Es war wirklich ein schöner Spaziergang«, sagt sie und nickt dem Vater zu. »Du hast immer so gute Einfälle!«

Der Maikäferkönig breitet vorsichtig die Flügel auseinander und fliegt schwirrend in die untergehende Sonne.

Gehen. Weiter gehen

Meist laufe ich in Socken oder barfuß herum. Zu Hause, wenn ich Freunde besuche oder im Büro ziehe ich meine Schuhe aus. Nicht nur aus Höflichkeit, ich will die Zehen bewegen können und keine dicke Schicht Gummi zwischen meinem Körper und dem Boden spüren. Sitze ich in einem Café, streife ich unter dem Tisch die Schuhe ab. Ich mache es heimlich, um Kommentare zu vermeiden oder mich mit einem schlecht gelaunten Kellner auseinandersetzen zu müssen.

Es ist nicht so einfach in meinem Beruf, aber am liebsten würde ich auch auf die Socken verzichten. Nicht aus Rücksicht auf meine Füße, sondern aus Rücksicht auf mich und meinen ganzen Körper. Ich will den Holzfußboden spüren, Beton, Treppen, Gras, Sand, Dreck und Asphalt. Oder Moos, Tannennadeln und Steine. Ich will die Reflexe jedes Zehs fühlen, spüren, wie Zehenballen, Hacken und Waden empfindlicher werden. Die Haut unter den Füßen mit ihren Nerven und Reflexpunkten – Punkte, die in Verbindung mit dem restlichen Körper stehen – bekommt einen engeren Kontakt mit der Erde. Ich glaube, so selbstverständlich wie der Körper Sonnenlicht benötigt, die Haut es genießt, den Wind zu spüren und die Ohren gern Vogelgezwitscher hören, wollen die Füße barfuß sein. Barfuß sind die Füße verletzlicher. Ich muss mich konzentrieren, um nicht in etwas Scharfes zu treten oder gegen etwas Hartes zu stoßen.

Wie bereits erwähnt, schrieb der Dichter Pablo Neruda über einen Fuß, der ein Schmetterling oder ein Apfel sein möchte, mit diesem romantischen Gedanken ist es bereits nach einigen Zeilen vorbei. Im weiteren Verlauf des Gedichts erzählt er, wie der Fuß des Kindes dennoch die Freiheit verliert und sich damit abfindet, ein Leben in der Dunkelheit zu führen, umgeben von Schuhen aus Kunststoff, Gummi oder Leder, mit denen er in Geschäfte und Büros geht:

kaum fand er Zeit,
nackt zu sein, in der Liebe oder im Traum.

*

Es heißt, es gäbe nichts Neues unter der Sonne, aber ebenso richtig ist es zu behaupten, dass es nichts Altes unter der Sonne gibt. Der Philosoph Arne Næss entschied sich mit seiner lokalen Variante für den zweiten Gedanken: Alles um uns herum ist immer neu.

Als Erwachsener lebte er zwölf Jahre lang in Tvergastein, einer einsamen Hütte dicht am Gebirgskamm Hallingskarvet. Arne bestand darauf, dass wir jedes Mal auf einem neuen Weg zu seiner Hütte gingen, und wenn es nur wenige Zentimeter neben der Spur war, der wir beim letzten Mal gefolgt waren. Dies galt für alle Besucher. Im Laufe all dieser Jahre gab es niemals nur den einen Weg zu seiner Hütte.

Er beschloss, mit zwei Meter Abstand von den Wänden

rund um die Hütte ein Naturreservat zu schaffen. Um die Moossheide, den Gletscher-Hahnenfuß und den Weißen Silberwurz zu schützen, durften er und jeder Gast innerhalb dieser Schutzzone nur auf bestimmte Steine treten, so konnte er vom Fenster aus verfolgen, wie die ungestörte Vegetation sich über das Jahr entwickelte. Tvergastein war wahrscheinlich die einzige Hütte in Norwegen, zu der es keinen von Menschen geschaffenen Weg gab. Einige Wildwechsel verliefen unterhalb der Hütte, das war alles. Heute, acht Jahre nach seiner letzten Reise, gibt es einen Weg hinauf. Ohne Næss' Willen war es unvermeidlich, da die Touristen immer wieder den bequemsten Weg nahmen.

Der Dichter Olav H. Hauge wohnte von seiner Geburt bis zu seinem Tod auf einem Hof in Ulvik in Hardanger. Der Hof liegt an einem Fjord, umgeben von wunderbaren Bergen. In der bergigen Landschaft rund um Ulvik beginnen nahezu alle Touren mit langen Steigungen. Hauges Buchregale standen voller Weltliteratur, und in seiner Einsamkeit sprach der Dichter über die Bücher, die er las, und unterhielt sich im Kopf mit den Autoren, die sie geschrieben hatten, während er spürte, wie die Welt sich veränderte. Er schrieb das Gedicht »Dein Weg«:

Dies ist dein Weg.
Allein du
sollst ihn gehen. Und es ist
gefährlich umzudrehen.

Genau So ist es! Es gibt *einen* Weg. Es ist dein Weg, und du erschaffst ihn beim Gehen, sogar wenn du auf denselben Pfaden wanderst wie andere. Allerdings glaube ich nicht, dass es »gefährlich ist umzudrehen«. Man kann immer umdrehen, jede Minute des Tages, doch der Weg zurück ist ein anderer.

Der spanische Nationaldichter Antonio Machado empfand fast dasselbe wie Hauge, wenn er unter Eichen über die hügelige und windige Hochebene Kastiliens wanderte. Eine Gegend, in der er glaubte, dass »die Steine aussehen, als würden sie träumen«. In seinem Gedicht »Wanderer« schrieb er ähnlich wie Hauge:

> *Der Weg entsteht beim Gehen,*
> *beim Gehen entsteht der Weg,*
> *und im Blick zurück*
> *sieht man den Pfad,*
> *den man nie wieder betreten muss.*

Nachdem er Machados Gedicht gelesen hatte, notierte Hauge in seinem Tagebuch: »ENDLICH EINER, DER MIT MIR EINER MEINUNG IST.«

*

Der Herzchirurg Magdi Habib Yacoub, ein in England lebender ägyptischer Einwanderer, geht jeden Tag spazieren. Eines Abends stießen wir auf dem Weg aus einem Hotel am Genfersee beinahe zusammen. Noch immer kann ich mich an den Blick über den schönen, von Bergen umgebenen See im Abendlicht erinnern, wir blieben stehen und sahen es uns einfach an. Er erklärte, dass er drei bis vier Kilometer gehen müsse, bevor er sich schlafen lege, und ich hatte dasselbe vor. Also gingen wir gemeinsam.

Für mich war es ein Glücksfall.

Ich fragte Yacoub nach seiner Arbeit, und er erzählte, dass er ungefähr zwanzigtausend Operationen am offenen Herzen durchgeführt habe. Andere Ärzte sägen für ihn das Brustbein auf und ziehen den Brustkasten auseinander, dann wird das Herz und die Atmung des Patienten für kurze Zeit gestoppt, damit Yacoub die eigentliche Operation am Herzen ausführen kann, um dann den Operationssaal zu verlassen und zum nächsten Patienten zu gehen, der mit offener Brust auf ihn wartet. Normalerweise sind es fünf Operationen pro Tag.

Neun Jahre zuvor hatte er einem zwei Jahre alten Mädchen ein neues Herz eingepflanzt. Während der Operation hatte er ihr eigenes Herz abgetrennt, es aber in ihrem Körper belassen. Acht Jahre später stellte das neue Herz seine Tätigkeit ein. Erneut ging es um Leben oder Tod, und Yacoub wurde hinzugezogen. Er trennte das verpflanzte Herz ab und verband das eigene Herz des Mädchens wieder mit ihrem Kreislauf. Es war in der Zwischenzeit gewachsen und hatte sich in ihrem Körper erholt. Zum ersten Mal war eine derartige Operation gelungen. Das Mädchen war kurz darauf wieder bei Kräften. Heute ist sie verheiratet und hat selbst Kinder.

Ich wollte wissen, was er durch sein Studium von mehreren tausend schlagenden menschlichen Herzen gelernt hatte. Yacoub warf mir einen raschen Blick zu und sagte dann prompt: »Jeden Tag spazieren gehen.« Er versicherte mir, dass dieser Ratschlag niemals aus der Mode kommen würde.

Yacoub sagte eigentlich genau das, was auch meine Großmutter gespürt hat und die Menschen seit mehreren tausend Jahren wissen. Hippokrates, der Vater der modernen Medizin, hatte diese Erkenntnis bereits vor zweitausendvierhundert Jahren. Er warnte bereits damals vor falschen Medikationen der Ärzte und betonte, dass kein Medikament besser sei, als einen Fuß vor den anderen zu setzen. »Gehen ist des Menschen beste Medizin.« Ich halte es für selbstverständlich, dass das Gehen eine weit größere Bedeutung für die Volksgesundheit hat als alle Medikamente, die im Laufe der Zeit eingenommen wurden.

*

Als der griechische Philosoph Diogenes mit der Behauptung konfrontiert wurde, es gäbe keine Bewegung, erwiderte er: »*Solvitur ambulando* – es wird beim Gehen geklärt.« Sokrates ging in Athen umher, stellte Fragen und unterhielt sich. Charles Darwin machte zwei Mal am Tag einen Spaziergang und hatte buchstäblich seinen eigenen *Weg zum Denken*. Søren Kierkegaard war wie Sokrates ein Straßenphilosoph. Er flanierte durch Kopenhagen – »Ich bin zu meinen besten Gedanken gegangen« –, stellte Fragen, legte den Arm um Menschen, begleitete sie ein Stück, bekam Antworten, ließ sie los und ging allein weiter. Dann lief er nach Hause, wo er kaum jemanden empfing, und veredelte die Eindrücke der Straße in Büchern.

Albert Einstein verschwand in den Wäldern bei Princeton, wenn die Gedanken sich festgefahren hatten, und Steve Jobs ging mit Kollegen spazieren, wenn er Ideen weiterspinnen wollte. Viele seiner Nachfolger im Silicon Valley halten ihre Meetings im Gehen ab, in der Hoffnung, einen ähnlichen Effekt zu erzielen. Es funktioniert. Wir machen es an meinem Arbeitsplatz auch, allerdings eher selten. Ich glaube, alle wissen, dass ein kleiner Spaziergang im Laufe eines Arbeitstages zu besseren Ergebnissen führt – »sobald meine Beine sich bewegen, beginnen meine Gedanken zu fließen«, befand Henry David Thoreau –, und doch ist es einfacher, dem Gedanken anzuhängen, dass etwas anderes wichtiger sein könnte.

Ich weiß, dass es anderen gelingt, beim Laufen klare Gedanken zu fassen, aber ich ziehe ein langsameres Tempo vor. Wenn ich gehe, lasse ich meine Gedanken fließen. Mein Kreislauf wird in Schwung gebracht, und wenn ich mich entscheide, mein Schritttempo zu steigern, nimmt mein Körper zusätzlichen Sauerstoff auf. Mein Kopf wird klarer. Wenn ich sitze und das Telefon klingelt, stehe ich auf und gehe während des Gesprächs umher. Erinnerung, Konzentration und Laune verbessern sich bereits nach einigen wenigen Schritten. Der Zusammenhang spiegelt sich auch in den Begriffspaaren *sich bewegen* und *bewegt sein* beziehungsweise *sich rühren* und *gerührt sein* wider. »Wenn du schlechte Laune hast, geh' spazieren«, riet Hippokrates, und wenn du danach noch immer schlechte Laune hast, lautet sein Rat: »... geh' noch einmal spazieren.«

Heute wird auf der ganzen Welt geforscht, wie das Gehen die Kreativität beeinflusst. Oder mit anderen Worten ausgedrückt: wie unsere Füße das Gehirn beeinflussen, und nicht umgekehrt.

Laut einer Untersuchung der Stanford University aus dem Jahr 2014 erhöhte sich die Kreativität bei den Probanden, die sechs bis fünfzehn Minuten am Tag gingen, um bis zu sechzig Prozent – verglichen mit anderen, die über den gleichen Zeitraum einfach saßen. Die beiden Leiter der Untersuchung, Marily Oppezo und Daniel Schwartz, hatten die Idee zu ihrer Studie auf einem Spaziergang. »Mein Doktorvater hatte die Angewohnheit, mit seinen Studenten spazieren zu gehen, um gemeinsam Ideen zu entwickeln«, berichtete Oppezo über Schwartz. »Und eines Tages fingen wir an, uns Gedanken darüber zu machen, was wir hier eigentlich taten.«

Wenn ich arbeite, kommt es bisweilen vor, dass mein Gehirn streikt. Ich versuche mich zu konzentrieren, um weiterzuarbeiten, aber es geht nicht. Ein Gefühl, als würde man mit dem Kopf gegen die Wand rennen. Statt sitzen zu bleiben, bummele ich lieber eine Viertelstunde durch die Stadt. Manchmal hilft es nicht wirklich, während es bei anderen Gelegenheiten die Gedanken freisetzt und ich das Gefühl habe, als würden mir neue Lösungen für die Aufgaben, mit denen ich mich gequält habe, nur so im Kopf herumschwirren. Könnte es sich um eine Steigerung von sechzig Prozent handeln? Ich weiß nicht, wie die Wissenschaft so etwas misst, aber ich habe dann jedes Mal den Eindruck, als wären es einige hundert Prozent.

Das Aufleben neuer Gedanken hält nicht an. Meine Füße

helfen mir, solange ich gehe, und noch eine Weile danach, doch dann muss ich meine Gänge wieder aufnehmen. Niemand wird ein zweiter Steve Jobs durch Gehen, aber entscheidend ist, was die Wissenschaftler auf ihre nüchterne Art ausdrücken: »Wer eine frische Perspektive und neue Ideen benötigt, wird daraus Nutzen ziehen«, und: »... es ist möglich, dass Gehen dem Hirn erlaubt, einige seiner eigenen hyperrationalen Filter zu durchbrechen.«

*

Die Welt ist so organisiert, dass wir so oft wie möglich sitzen.

Zu sitzen entspricht der Forderung der Herrschenden nach Schaffung des Bruttoinlandsprodukts und dem Wunsch der Geschäftswelt nach Konsum. Bewegung hat kurz und effektiv zu sein. In der Steinzeit verbrauchte ein erwachsener Mensch jeden Tag viertausend Kalorien. Diese verbrauchte er bei der Nahrungsaufnahme, bei der Herstellung von Werkzeugen und Kleidung – und beim Gehen. Heute belastet ein im Westen lebender Mensch die Umwelt jeden einzelnen Tag mit zweihundertachtundzwanzigtausend Kalorien, verteilt auf Lebensmittel, Kleidung, Kommunikation und Transport. Energie zu verbrauchen ist zu einer Vollzeitbeschäftigung geworden, und es ist nicht leicht, sich die Zeit für ein paar Schritte mehr als üblich abzuringen.

Es ist für Regierungen und Firmen leichter, uns zu kontrollieren, solange wir sitzen.

Gehen kann ein ganzes Land verändern. Wenn ich über die französische Geschichte lese, scheint es, als hätte jeder Aufstand mit Demonstranten begonnen, die durch die Straßen einer Stadt zogen. Gandhi und seine Anhänger bewiesen, dass Füße weit effektiver sein können als die Waffen einer Supermacht. Die Menschen marschierten zusammen los und lösten eine Massenbewegung aus. Zur Verzweiflung der englischen Kolonialherren entschieden sich die Demonstranten 1930, vierzig Meilen weit zu gehen, ein Ereignis, das in die Geschichte als der sogenannte *Salzmarsch* eingegangen ist, um das Monopol auf Salz zu brechen und damit das Ende der britischen Herrschaft über Indien zu erzwingen. Am Rosenzug in Oslo nach dem Terror des 22. Juli 2011 nahmen zweihunderttausend Menschen teil. Der rote Faden im Kampf für die Rechte von Arbeitern, Frauen und Minderheiten waren Demonstrationszüge.

Was würde passieren, wenn die Machthaber weltweit gezwungen wären, sich täglich auf einem Spaziergang unter die Bevölkerung zu mischen? Ich glaube, es wäre gut für alle. Eine Demokratie ist davon abhängig, dass wir uns näher kommen. Dass es nicht zu viel *wir* und *die* gibt. Für Menschen mit viel Macht ist es kompliziert. Man wird von einem hübschen schwarzen Wagen abgeholt. Es ist angenehm und wird zur Gewohnheit, und natürlich ist es auch sicherer. Das Problem ist nur, dass Menschen, die die Macht haben, sich physisch vom alltäglichen Leben der anderen entfernen, oder mit Kierkegaards Worten: »… Räuber und die Elite haben nur eines gemeinsam – das Leben im Verborgenen.«

Es hat etwas Undemokratisches, der Natur, den Straßen und den Menschen, über die man bestimmt, so fern
zu sein. In Norwegen mischt sich der Ministerpräsident
glücklicherweise unter die Bevölkerung, kauft in denselben
Geschäften wie wir ein, trinkt seinen Kaffee in denselben
Cafés. Die Politiker sehen uns und wir sehen sie. Vieles
kann man durch Lesen oder Zuhören in Versammlungen
lernen, sogar wenn man nur aus dem Autofenster schaut
oder von einem Hochhaus hinunterblickt, doch alles ist
anders, wenn man selbst die Straßen entlanggeht, in denen
die Menschen Lebensmittel für ihr Abendessen einkaufen,
einen Laden eröffnen, auf ihr iPhone schauen, sich lieben,
lesen, reden und denken. Aus großer Distanz mag die Welt
homogen erscheinen, aber je näher man kommt, desto weniger stimmt diese Vorstellung mit dem Terrain überein.

Je größer der Abstand zwischen denen wird, die bestimmen, und den Menschen, über die bestimmt wird, desto
weniger relevant scheinen die Beschlüsse für diejenigen zu
sein, für die sie gelten.

SHANE O'MARA
Ein Labsal für Körper und Gehirn

Sich durch die Welt zu bewegen, ist ein wesentlicher Teil menschlicher Erfahrung. Bewegung, insbesondere viele regelmäßige Spaziergänge und Wanderungen sind gut – sogar hervorragend – für Körper und Gehirn. Menschen, die regelmäßig spazieren gehen oder wandern, behaupten (ich eingeschlossen), dass sie sich träge und müde fühlen – und oft auch ein bisschen niedergeschlagen –, wenn sie einige Tage keine Gelegenheit zum Gehen haben. Dann gibt es nur eine selbst verordnete Kur: sich auf einen langen Spaziergang zu begeben. Interessanterweise gibt es jetzt einen wachsenden Bestand an empirischen Daten, die diesen anekdotischen Eindruck bestätigen. Offenbar verbessert regelmäßiges Spazierengehen, nach Möglichkeit in der Natur, tatsächlich unsere Gemütsverfassung. Denken Sie an all die stürmischen, regnerischen Wanderungen, die so entsetzlich mühselig waren, Sie hinterher aber in eine gehobene Stimmung versetzten.

Hippokrates hat bekanntlich gesagt: »Gehen ist die beste Medizin.« In unserer Welt verbringen die meisten von uns den ganzen Tag sitzend in Gebäuden, was gravierende Folgen für unsere Gesundheit und unser Wohlergehen haben kann. Wir verleben weniger Zeit im Freien als jemals zuvor. Eine breit angelegte Studie in den USA zeigte, dass Menschen sich zu 87 Prozent ihrer Zeit in der Umgebung von Büros, Häusern, Läden und anderen Gebäuden aufhalten.[1] Einige Forscher haben sogar behauptet (und dabei meiner Meinung nach kaum übertrieben), dass »Sitzen das neue Rauchen ist«. Der Gedanke, der dieser Annahme zugrunde liegt, ist einfach: Unser Körper ist für regelmäßige Bewegung gemacht und profitiert von ihr. Eine sitzende Lebensweise ist absolut ungesund und führt zu einem Abbau von Muskelvolumen und -stärke.[2] Darüber hinaus rufen lange Phasen der Inaktivität ähnliche Veränderungen im Gehirn hervor.

In einer Studie hat man herausgefunden, dass Bewegungsmangel sogar mit Persönlichkeitsveränderungen assoziiert ist, und damit meine ich negative Veränderungen.[3] Generell gingen niedrigere körperliche Aktivitätsniveaus mit Veränderungen in den »Big-Five-Faktoren« der Persönlichkeit einher (*Offenheit, Gewissenhaftigkeit, Extraversion* [Geselligkeit], *Verträglichkeit und Neurotizismus* [Labilität und Verletzlichkeit]).[4] Geringere physische Aktivitätsniveaus waren mit einem Rückgang an Offenheit, Extraversion und Verträglichkeit verknüpft, was auf ein »nachteiliges« Muster langfristiger Persönlichkeitsveränderungen schließen lässt. Selbst minimale Aktivitätsniveaus wirkten sich mäßigend auf die Persönlichkeitsveränderungen aus. Je inaktiver eine Person war, desto stärker tendierte sie zu negativen Persönlichkeitsveränderungen.

Auf welchem Weg diese negativen Veränderungen zustande kommen, ist ungewiss, aber es bieten sich einige Vermutungen an. Wahrscheinlich nehmen Erkrankungen, die mit längerer Inaktivität verknüpft sind, zu und das Wohlbefinden ab, außerdem führt eingeschränkte Aktivität im

Alltag zu Bewegungsmangel und die generellen kognitiven Funktionen sind verändert, vielleicht treten sogar Stimmungsveränderungen auf. Angesichts der vorhandenen Erkenntnisse ist es sehr wahrscheinlich, dass eine einfache Verhaltensveränderung – häufiges und ausgiebiges Spazierengehen – durchaus dazu führen könnte, negative Persönlichkeitsveränderungen, die aus einer sitzenden Lebensweise resultieren, rückgängig zu machen.

Stehen führt zu einer augenblicklichen Veränderung von Blutdruck, Blutzirkulation im Körper und der Rate, mit der wir Energie verbrauchen und Wärme erzeugen, der Stoffwechselrate. Gehen zieht Veränderungen in weit verstreuten Gehirn- und Körpersystemen nach sich – von der Produktion neuer Moleküle bis hin zu unserem Verhalten. Regelmäßiges Gehen ist eine einfache Form des Herztrainings, und das wiederum bringt große Vorteile für die Herz-Hirn-Achse, denn rund 20 Prozent des Herz-Outputs wird dem Gehirn zugeleitet, das viel Sauerstoff und Energie verbraucht. Zu ähnlichen Effekten kommt es im Darm, der ebenfalls viel Energie und Sauerstoff benötigt. Nach einem Heilmittel brauchen wir nicht lange zu suchen: Stehen Sie auf und gehen Sie los.

*

Gehen ist eine Sache, wo wir gehen, eine ganz andere.

Wenn in Zukunft immer mehr Menschen in Städten leben, werden die Grünflächen für unser Wohlbefinden enorm an Bedeutung gewinnen. Vor allem in nördlichen und raueren Regionen wurde diesem Aspekt in der Architektur schon

Rechnung getragen. Kreuzgänge in Universitätsgebäuden, Klöstern und anderen Einrichtungen gestatteten den Menschen, nach draußen zu gehen und trotzdem vor den Elementen geschützt zu sein. Diese Kreuzgänge erhielten manchmal Bezeichnungen, die auf ihren rituellen religiösen Zweck anspielten – *Deambulatorium, Obambulatorium, Ambitus.* Diese feierlichen lateinischen Bezeichnungen für die Klosterarchitektur leiten sich von der Wurzel *ambio* her – »Ich gehe im Kreis«.[5] Häufig heißen sie auch treffenderweise Ambulatorien. Natürlich sind diese Kreuz- oder Wandelgänge auch um einen Garten angelegt – sodass ein gezähmtes Stück Natur im Mittelpunkt des Weges liegt.

Ummauerte Gärten aus früheren Zeiten sind eine andere Möglichkeit, die gezähmte Natur in die Nähe eines Gebäudes zu bringen, sodass die Bewohner ungefährdet ins Freie gehen können. Im *Decamerone* schildert Boccaccio einen solchen Garten: »Von dem Mittelpunkte dieses Gartens gingen nach allen Richtungen hin breite und schnurgerade Wege aus, die mit Reblauben überdeckt waren und für den Herbst viele Trauben versprachen. […] Die Laubgänge waren mit weißen und roten Rosen und Jasmin ganz durchflochten; daher konnte man nicht nur des Morgens, sondern auch, wenn die Sonne hoch am Himmel stand, ohne von ihren Strahlen berührt zu werden, im liebsten Schatten und Wohlgeruche unter ihnen wandeln.«[6] Arbeitet die moderne Architektur mit Wandelgängen, Vordächern, Wohnhöfen und ähnlichen Elementen, bietet sie den Bewohnern einen leichten Zugang zur Natur. Entsprechend kann man innerhalb von Gebäuden Wege um Atrien führen, in denen Pflanzen und Teiche den Betrachtern das Gefühl vermitteln, mit der natürlichen Welt verbunden zu sein. Auch Fenster, die den Blick auf Himmel und Bäume freigeben, steigern das Wohlbefinden erheblich.

Doch dieses Bedürfnis, einen Teil unseres Lebens im Freien und in Verbindung mit der Natur zu verbringen, scheinen wir fortwährend zu unterschätzen. Dies ging aus einer Studie hervor, die in Kanada durchgeführt wurde. Ottawa ist Wetterextremen unterworfen, im Sommer herrschen Temperaturen von mehr als 30 °C und im Winter liegen sie unter −20 °C. Ein beträchtlicher Teil des weitläufigen Campus der Carleton University ist durch ein ausgedehntes System von Untergrundtunneln verbunden, mit dessen Hilfe man sich auch bei extremen Wetterverhältnissen zwischen den Instituten zu Fuß bewegen kann.

Experimentalpsychologen haben untersucht, wie sich die Benutzung von Wegen, die der freien Natur ausgesetzt sind, im Vergleich zur Benutzung von Wegen in der geschützten Umgebung des Tunnelnetzes auf die Menschen auswirken.[7] Sie forderten 150 Teilnehmer auf, die gleiche Entfernung zwischen zwei Orten auf dem Campus zu Fuß zurückzulegen: entweder durch einen unterirdischen Tunnel oder draußen an einem Flussufer entlang in einem »naturisierten« städtischen Raum mit vielen Bäumen, Pflanzen und anderen Merkmalen einer natürlichen Umwelt.

Vor Beginn der Testreihen mussten die Probanden angeben, wie sie sich augenblicklich fühlten, um dann anhand einer Bewertungsskala eine Vermutung darüber anzustellen, wie es ihnen wohl nach dem siebzehnminütigen Fußweg draußen im Vergleich zu dem gleich langen Weg durch die Tunnel erginge. Die Ergebnisse waren eindeutig: Alle

Teilnehmer unterschätzten erheblich, wie unterschiedlich sich die beiden Wege – draußen und drinnen – auf ihre Stimmung auswirkten. Der Einfluss des Fußwegs durch das naturisierte Stadtgelände war spektakulär. In der Punktzahl für die selbst beurteilte Stimmung gab es bei diesen Teilnehmern im Schnitt eine Verbesserung von einem Drittel im Vergleich zum Weg durch die Tunnel.

Aber warum sind fußgängerfreundliche Grünflächen so wichtig für unser Wohlbefinden? Welche Aspekte der Natur sorgen dafür, dass wir uns besser fühlen? Der Mensch ist seit Urzeiten ein Waldgänger. Einige Kulturen verleihen dieser Erfahrung Kultstatus: So haben die Japaner die wunderbare Tradition des »Waldbadens« *(shinrin-yoku)* entwickelt: Man geht durch dichten Wald, achtet auf alle Sinneseindrücke, lässt sich vom Wald umfangen, gibt sich seinen wohltuenden Einflüssen hin und taucht rückhaltlos in die Bilder, Laute und Gefühle ein.[8] Waldbaden ist eine signifikante Manifestation einer offenbar universellen menschlichen Erfahrung, die Verehrung der Natur als der Basis unseres Lebens – von frühen pantheistischen Religionen, nach denen Bäume, Waldbäche, Steine und viele andere Dinge von Geistern bewohnt waren, über die Verehrung der Erdmutter, etwa in der Göttin Pachamama bei den Inkas, bis hin zu James Lovelocks zeitgenössischer »Gaia-Hypothese«, nach der wir den Planeten und alles Leben auf der Erde als ein einziges sich selbst regulierendes Ökosystem betrachten sollen.[9]

Zweifellos vertreten viele Menschen die Auffassung, wir müssten pfleglich mit der Natur umgehen, und sie sei als eine Quelle des Wohlbefindens von zentraler Bedeutung für unser Leben. Außerdem treibt uns die Sorge um, menschliches Handeln könnte der Natur irreversible, auf jeden Fall aber nachhaltige Schäden zufügen – von Arten, die gejagt werden, bis sie aussterben, über die Verschmutzung von Flüssen und Seen mit Plastik, Abwässern und giftigen Stoffen bis hin zu den menschlichen Einflüssen auf das globale Klima.

Empirische Forschungsdaten stützen unser intuitives Gefühl, dass sich der regelmäßige Aufenthalt in der Natur und in der natürlichen Welt in einer Weise auf Gesundheit und Wohlbefinden auswirkt, die positiv, messbar und dauerhaft ist, daher sollte er im gleichen Atemzug genannt werden wie sauberes Trinkwasser, verlässliche Stromversorgung, Reihenimpfungen oder staatliche Krankenhäuser. Belegen kann man das, indem man das Stressniveau von Versuchspersonen vor, während und nach ihrer Interaktion mit der Natur misst. Das Stresshormon Cortisol ist verantwortlich für die *»Fight, flight or freeze«*-Reaktion (Kampf, Flucht oder Erstarren). Cortisol wird in Reaktion auf Stressfaktoren ausgeschüttet – mit potenziell positiven oder negativen Effekten. Kurzfristig ist es adaptiv und mobilisiert Reserven, die helfen, die Stresssituation zu überwinden. Doch die chronische und dauerhafte Freisetzung von Cortisol sorgt für zahlreiche Probleme – von Arterienverkalkung bis zu negativen Auswirkungen auf Stimmung und Gedächtnis. In einer Studie untersuchte man in einem armen Stadtteil von Dundee, in welchem Maße Grünflächen das Stressniveau der Bewohner beeinflussen können.[10] Dabei wurden sowohl die wahrgenommenen Stressniveaus laut Selbstauskunft (was die Einwohner zu fühlen meinten) erfasst wie auch ihr Cortisolspiegel gemessen, der leicht im Speichel oder im Blut ermittelt werden kann. Die Cortisolkonzentration in unserem Speichel schwankt im Laufe des Tages, am frühen Morgen ist sie am höchsten, zum Ende des Tages nimmt sie immer mehr ab. Bei Menschen, die stark unter Stress stehen, findet dieser abendliche Rückgang nicht statt. In der Dundee-Studie stellte sich heraus, dass bei der unterprivilegierten Bevölkerung, der in ihrer städtischen Umgebung so gut wie keine Grünflächen zur Verfügung stehen, diese zyklische Cortisolabnahme fehlte oder fast fehlte.[11] Eine Korrelation dieser Art ist sehr aufschlussreich und passt zu einem Bestand ähnlicher Forschungsdaten, daher liegt der Schluss nahe, dass der Aufenthalt in der Natur sich nachhaltig positiv auf unsere Gesundheit und unser psychisches Wohl auswirkt.

Allerdings sollten wir berücksichtigen, wie Menschen die zur Verfügung stehenden Grünflächen nutzen. Suchen sie sie regelmäßig auf? Nutzen sie sie, um mit anderen spazieren zu gehen, um den Hund auszuführen, um die Kinder spielen zu lassen? Hier sind umfangreichere Studien erforderlich, vorzugsweise Studien, in denen man versucht, die Untersuchungsbedingungen zu randomisieren, um einen gewissen Grad an Kausalität erkennen zu können. Ist Ihr Stressniveau niedriger, weil Sie sich öfter in der Natur aufhalten, oder gibt es noch einen anderen Faktor? Beispielsweise könnte sich herausstellen, dass längere Aufenthalte in der freien Natur mit längeren Wanderungen oder Spaziergängen eine wirksame Behandlung für Depression sind (zumindest für leichtere Formen) – vielleicht auch für andere stress- und angstbedingte Erkrankungen.[12]

Um die Frage zu beantworten, ob der Kontakt mit der Natur dafür verantwortlich ist, dass Sie sich besser fühlen und ob eine positive Stimmung erzeugt wird oder nicht, brauchen wir Studien, die die »Dosis« Natur, der Sie ausgesetzt werden, variieren: Ist eine große Dosis erforderlich oder eine kleine, und wie oft? Die Effekte mögen stark, schwach, unmerklich oder sogar nicht vorhanden sein; die Gefahr, dass Sie sich einreden, es sei ein Effekt vorhanden, den es gar nicht gibt, ist groß.

Der Theorie zur Wiederherstellung der Aufmerksamkeitsfähigkeit *(attention restoration theory)* liegt der Gedanke zugrunde, dass die natürliche Umwelt von tiefgreifender regenerierender Wirkung für unser Wohlbefinden ist und dass das Erleben der natürlichen Welt erheblich zu einem starken Gefühl subjektiven Wohlergehens beitragen kann. Nach Ansicht von Psychologen sollte eine natürliche Umgebung drei entscheidende Elemente aufweisen, um auf uns wirklich regenerierend zu wirken: Sie sollte uns den Eindruck vermitteln, dass wir aus unserem normalen Leben und dem vertrauten Umfeld herausgehoben sind, sie sollte visuelle und sensorische Elemente enthalten, die wir faszinierend finden, und sie sollte eine gewisse Ausdehnung haben.[13] Immer mehr Zwänge des Lebens tragen zu einer geistigen Erschöpfung bei, die durch regenerative Erfahrungen in der Natur gemildert werden kann. Kontakt zur natürlichen Umwelt bringt diese Regeneration am besten hervor, weil die Natur für die Befindlichkeit des Menschen von wesentlicher Bedeutung ist.

In einer Studie mit 4255 britischen Versuchsteilnehmern untersuchten Forscher das Phänomen der »Regeneration«.

Sie wird als ein Gefühl der Ruhe, Entspannung, Revitalisierung und Stärkung definiert. Die Probanden hatten eine natürliche Umgebung eine Woche zuvor besucht.[14] Die erinnerte Entspannung war sehr hoch, sie wurde mit einer durchschnittlichen Punktzahl von vier auf einer Skala von eins bis fünf bewertet. Es bestand eine Hierarchie der Örtlichkeiten: An erster Stelle rangierten Küstenlandschaften, sie vermittelten das intensivste Regenerationsempfinden, gefolgt von einer ländlichen Umgebung, und auf dem dritten Platz landeten städtische Grünflächen. Diese Hierarchie sollten wir allerdings mit einer gewissen Vorsicht betrachten, denn sie wurde aus einem Gesamtdurchschnitt abgeleitet. Tatsächlich erwiesen sich viele Kleinstadtparks als ebenso regenerativ wie das platte Land. In der höchsten sozioökonomischen Gruppe hatte sich die Mehrheit (53 Prozent) in der Woche zuvor in der Natur aufgehalten, während es in der Gruppe mit dem niedrigsten sozioökonomischen Status die Minderheit war (31 Prozent). Teilnehmer aus der höheren sozioökonomischen Gruppe schnitten im Durchschnitt natürlich bei vielen Merkmalen besser ab: Bildung, gesundheitlicher Zustand, Ernährung und so fort.

Zweifellos ist die Anlage eines Parks ein wichtiger Faktor: Die Frage, wie nutzbar und zugänglich er ist und ob er sinnvolle Aktivitäten fördert, ist von entscheidender Bedeutung für seine Nutzung. Das Gefühl von Regeneration nach Aufenthalten in diesen verschiedenen Umgebungen – Küste, ländliche Umgebung, städtische Parks – unterschied sich in seiner Stärke nicht besonders. Die Studie berücksichtigte nicht, welche Aktivitäten man in den verschiedenen Umgebungen ausüben konnte. Städtische Grünflächen können unterschiedlich genutzt werden: etwa um in einem Schrebergarten Gemüse anzubauen, um im Park den Hund auszuführen, oder auf einem Sportplatz, um Sport zu treiben. Müheloser Zugang zur Natur ist gleichermaßen wichtig für Einzelpersonen, Familien, Gruppen und die Gesellschaft als Ganzes, denn gut angelegte Grünflächen können als Ersatz für ländliche Räume dienen oder zumindest deren Wirkung nachahmen. Beispielsweise kann man in Parks ein Stück Natur sich selbst überlassen, sodass sich dort Tiere, Insekten und Vögel ansiedeln, was auf sorgfältig gemähten und gepflegten Rasenflächen natürlich nicht geschieht. Auch sollten die Wege dieser Parks so weit wie möglich den landschaftlichen Gegebenheiten der Umgebung folgen.

Ferner lassen sich die positiven Auswirkungen eines Aufenthalts in der Natur weltweit nachweisen, unabhängig von Alter oder Geschlecht. Vielleicht ist der Umstand noch wichtiger, dass regelmäßiger Aufenthalt im Grünen mit anderen Faktoren zu vergleichen ist, die die individuelle Lebenszufriedenheit bestimmen – unter anderem das Einkommen, Bildungsniveau, Religiosität, Personenstand, ehrenamtliche Tätigkeit und körperliche Attraktivität.

Vielleicht kann man nicht viel ändern an seinem Einkommen oder an seiner Attraktivität, doch wir haben alle die Möglichkeit, hinauszugehen und einen Spaziergang zu machen. Die Forschungsergebnisse zeigen, dass Bewegung in der Natur lang anhaltende Auswirkungen auf unsere Lebenszufriedenheit und unser Wohlergehen hat, deshalb sollten die Menschen dazu angehalten werden, sich regelmäßig in einer natürlichen Umgebung aufzuhalten, selbst wenn sie nur Zugang zu Stadtparks haben.

ANMERKUNGEN

1 Klepeis et al., »The National Human Activity Pattern Survey (NHAPS): a resource for assessing exposure to environmental pollutants«, *Journal of Exposure Science and Environmental Epidemiology*, 11(3), 2001, S. 231, https://indoor.lbl.gov/sites/all/files/lbnl-47713.pdf.

2 2018 Physical Activity Guidelines Advisory Committee Scientific Report, https://health.gov/paguidelines/second-edition/report/; Biswas et al. (2015), ›Sedentary time and its association with risk for disease incidence, mortality, and hospitalization in adults: a systematic review and meta-analysis‹, Annals of Internal Medicine, 162(2), 123–32, doi:10.7326/M14–165.

3 Stephan et al., ›Physical activity and personality development over twenty years: Evidence from three longitudinal samples‹, *Journal of research in personality*, 73, 2018, S. 173–79, https://www.ncbi.nlm.nih.gov/pmc/articles/PMC5892442/. Diese Ergebnisse sind im Wesentlichen epidemiologisch – mit anderen Worten, es gab keinen Experimentaufbau, aber die Forscher versuchten, den Problemen Rechnung zu tragen, die eine solche Studie mit sich bringt. In der Regel kommen jedoch auch andere Studien zu ähnlichen Schlussfolgerungen – eine sesshafte Lebensweise beeinflusst die fünf Faktoren der Persönlichkeit negativ (vgl. https://scholar.google.com/scholar?cites=5366658728132198651&as_sdt=2005&sciodt=0,5&hl=en).

4 Goldberg, L. R., »›An alternative‹ description of personality: the big-five factor structure«, *Journal of personality and social psychology*, 59(6), 1990, S. 1216, https://cmapspublic2.ihmc.us/rid=1LQBQ96VY-19DH2XW-GW/Goldberg.Big-Five-FactorsStructure.JPSP.1990.pdf.

5 Rodrigues, A. D., »Beyond contemplation, the real functions held at the cloisters«, *Cloister gardens, courtyards and monastic enclosures*, 13, 2015. https://www.researchgate.net/profile/Magdalena_Merlos/publication/283638013_Variations_around_one_constant_The_cloister_typology_in_the_cultural_landscape_of_Aranjuez/links/564cf3b508aeafc2aaafaa9e.pdf#page=13.

6 Boccaccio, G., *Der Decamerone*, Zürich 1957, S. 295.

7 Nisbet, E. K., und Zelenski, J. M., »Underestimating nearby nature: Affective forecasting errors obscure the happy path to sustainability«, *Psychological Science*, 22(9), 2011, S. 1101–06, http://journals. sagepub.com/doi/pdf/10.1177/0956797611418527.

8 Schauen Sie sich diese wundervolle Fotoserie an: https://www. newyorker.com/culture/photo-booth/japanese-photographer-captures-the-mysterious-power-of-forest-bathing. Hier finden Sie eine Anleitung zum Waldbaden für Touristen: https://savvytokyo. com/shinrin-yoku-the-japanese-art-of-forest-bathing/. Es ist noch zu früh, um sagen zu können, worin genau der Nutzen des Waldbadens für die Gesundheit besteht, weil noch keine kontrollierten Dosis-Wirkung-Studien durchgeführt wurden, vgl. Oh et al., »Health and well-being benefits of spending time in forests: systematic review«, *Environmental health and preventive medicine*, 22(1), 2017, S. 71, doi:10.1186/s12199-017-0677-9, und besonders Shanahan et al., »The health benefits of urban nature: how much do we need?«, *Bio-Science*, 65(5), 2015, S. 476–85, https://academic.oup. com/bioscience/article/65/5/476/324489.

9 Lovelock, J., *Das Gaia-Prinzip: Die Biographie unseres Planeten*, Frankfurt am Main, Leipzig 1993.

10 Thompson et al., »More green space is linked to less stress in deprived communities: Evidence from salivary cortisol patterns«, *Landscape and urban planning*, 105(3), 2012, S. 221–9, https://www. sciencedirect.com/science/article/pii/S0169204611003066. Diese Studie ist aus zwei Gründen mit Vorbehalt zu betrachten: Erstens ist sie korrelational und nicht kausal, und zweitens ist sie eine kleine, exploratorische Studie. Die Stichprobe war klein, und die Studie fand im Januar statt, wo es in Schottland nur relativ wenige Stunden Tageslicht gibt und das Frühjahr noch in ferner Zukunft liegt. Außerdem gab es keine Kontrollgruppe, die wohlhabend war oder einen höheren sozioökonomischen Status hatte; und schließlich führten die Forscher keine Vergleichsstudien in anderen Städten durch.

11 Thompson, C. W. et al., ›More green space is linked to less stress in deprived communities: Evidence from salivary cortisol patterns‹, *Landscape and urban planning*, 105(3), 2012, S. 221–9, https://www. mdpi.com/1660-4601/13/4/440/htm.

12 Es kann sich natürlich auch ganz anders verhalten, doch um die zugrunde liegenden Beziehungen zu verstehen, brauchen wir breit angelegte Studien, wie Pharma-Unternehmen sie durchführen, wenn sie ein neues Arzneimittel auf den Markt bringen.

13 Kaplan, S., »The restorative benefits of nature: Toward an integrative framework«, *Journal of Environmental Psychology,* 15(3), 1995, S. 169–82, http://willsull.net/resources/KaplanS1995.pdf; Kaplan, R., und Kaplan, S., *The Experience of Nature: A psychological perspective,* Cambridge 1989.

14 White et al., ›Feelings of restoration from recent nature visits‹, *Journal of Environmental Psychology,* 35, 2013, S. 40–51, https://www. researchgate.net/publication/273422708_Feelings_of_restoration_from_recent_nature_visits.

AMÉLIE NOTHOMB

Der japanische Verlobte

Morgen fahre ich mit dir in die Berge«, verkündete Rinri am Telefon. »Zieh deine Wanderschuhe an!«

»Das ist vielleicht keine so gute Idee.«

»Warum? Magst du die Berge nicht?«

»Ich liebe die Berge.«

»Dann ist es also beschlossen«, entschied er, meine Widersprüchlichkeit ignorierend.

Kaum hatte er aufgelegt, spürte ich das Fieber in mir: Die Berge der ganzen Welt, insbesondere aber die Japans, üben eine beunruhigende Anziehung auf mich aus. Ich wusste aber auch, dass es ein riskantes Abenteuer war: Über fünfzehnhundert Metern bin ich ein anderer Mensch.

Am 11. August öffnete der weiße Mercedes mir seine Tür. »Wo fahren wir hin?«

»Du wirst sehen.«

Obwohl ich nie sehr begabt war für Ideogramme, konnte ich die Ortsnamen lesen. Diese Gnade war mir auf meinen Japanreisen sehr von Nutzen. Und so bestätigte sich mein Verdacht nach einer sehr langen Fahrt:

»Der Berg Fuji!«

Mein Traum. Die Tradition besagt, dass jeder Japaner mindestens einmal in seinem Leben den Berg Fuji besteigen muss, damit er diese großartige Nationalität verdient. Da ich unbedingt Japanerin werden wollte, sah ich in diesem Aufstieg einen genialen Identitätstrick. Zumal die Berge mein Terrain waren, mein Reich.

Das Auto wurde auf einem riesigen Parkplatz auf einer Lavaebene abgestellt. Ab da war der Autoverkehr verboten. Der Busandrang, der vom Bedürfnis der Leute zeugte, als echte Japaner zu gelten, beeindruckte mich. Das war keine bloße Formalität: Es ging darum, in weniger als einem Tag vom Meeresspiegel auf 3776 Meter zu kommen, denn nur am Fuß und am Gipfel des Berges gab es Schlafmöglichkeiten. In der gedrängten Menge zu Beginn des Aufstiegs sah ich Greise, Kinder, Mütter, die Babys trugen, ja sogar eine Schwangere, die aussah, als wäre sie im achten Monat. Die japanische Nationalität hat eben immer auch etwas Heroisches.

Ich schaute nach oben: Das war er also, der Berg Fuji. Endlich hatte ich einen Ort gefunden, von dem aus er nicht grandios aussah, und zwar nur deshalb, weil man ihn nicht sah: an seinem Fuß. Ansonsten ist dieser Vulkan eine hinreißende Erfindung, die man von fast überall sieht, so dass ich ihn schon für ein Hologramm gehalten hatte. Die Orte auf Honshu, von denen man einen großartigen Blick auf den Berg hat, sind unzählbar; besser zählt man die Orte, von denen man ihn nicht sieht. Hätten die Nationalisten ein Symbol der Vereinigung schaffen wollen, hätten sie den Fuji errichtet. Unmöglich, ihn zu betrachten, ohne so ein wunderbar mythisches Kribbeln zu verspüren – er ist zu schön, zu perfekt, zu ideal.

Außer an seinem Fuß, wo er aussieht wie jeder andere Berg, eine Art unförmiger Hubbel.

Rinri hatte seine Ausrüstung dabei: Alpinistenstiefel, Astronautenanzug, Eispickel. Mitleidig sah er auf meine Turnschuhe und meine Jeans und enthielt sich jeglichen Kommentars, vielleicht weil er nicht in der Wunde bohren wollte.

»Gehen wir?«, fragte er.

Darauf hatte ich nur gewartet. Ich ließ meinen Beinen, die fast mit mir durchgingen, freien Lauf. Es war Mittag, am Himmel und in meinem Kopf. Ich stieg bergan, glücklich, so viel zu steigen zu haben. Die ersten fünfzehnhundert Meter waren die schwierigsten. Der Boden war nur weiche Lava, in der die Füße einsanken. Man musste schon wollen, wie man so sagt. Wir wollten alle. Der Anblick der alten Leutchen, die im Gänsemarsch nach oben kletterten, nötigte Respekt ab.

Auf fünfzehnhundert Metern wurde der Fuji zu einem richtigen Gebirge, mit Steinen und wunderbar harter Erde, durchbrochen von schwarzen Kiesfeldern. Ich hatte die Höhe erreicht, in der ich in eine andere Gattung wechsle. Ich wartete auf Rinri, der nur zweihundert Meter hinter mir war, und verabredete mich mit ihm auf dem Gipfel.

Später sagte er mir: »Ich weiß nicht, was passiert ist. Du warst verschwunden.«

Richtig. Über fünfzehnhundert Metern verschwinde ich. Mein Körper verwandelt sich in reine Energie, und während man sich noch fragt, wo ich bin, haben meine Beine mich so weit getragen, dass ich unsichtbar geworden bin. Andere besitzen diese Fähigkeit auch, aber ich kenne niemanden, bei dem sie so unerwartet ist, denn ich ähnle Zarathustra nicht von nah und nicht von fern.

Doch genau das werde ich. Eine übermenschliche Kraft ergreift mich, und ich steige geradewegs zur Sonne empor. In meinem Kopf erklingen Hymnen, nicht die der Olympioniken, sondern die der Olympier. Herkules ist mein kränklicher kleiner Bruder. Und damit spreche ich nur vom griechischen Zweig der Verwandtschaft. Wir Mazdeisten sind da doch etwas ganz anderes.

Zarathustra sein heißt, Götter anstelle von Füßen zu haben, Götter, die Berge fressen und in Himmel verwandeln, und anstelle von Knien Katapulte, für die der restliche Körper Projektil ist. Heißt, eine Kriegstrommel zu haben anstelle des Magens und Siegestrommeln anstelle des Herzens, heißt, im Kopf eine Freude zu spüren, die so bestürzend ist, dass es übermenschlicher Kräfte bedarf, sie zu ertragen, heißt, alle Kräfte der Welt nur deshalb zu besitzen, weil man sie herbeigerufen und im Blut hat, heißt, die Erde nicht mehr zu berühren, weil man sich im intimen Zwiegespräch mit der Sonne befindet.

Das Schicksal, das für seinen Humor bekannt ist, wollte, dass ich als Belgierin zur Welt kam. Ein böser Streich, denn dem Flachland zu entstammen, wenn man der zoroastrischen Linie angehört, verdammt einen zu einem Dasein als Doppelagent.

Ich überholte Horden von Japanern. Einige hoben den Blick vom Boden, um dem vorbeischießenden Meteor nachzusehen. Die Alten sagten: »Wakaimono«, junges Ding, wie zur Erklärung. Den Jungen fiel nichts dazu ein.

Als ich alle Wanderer überholt hatte, fiel mir auf, dass ich nicht allein war. Es gab einen weiteren Zarathustra unter den Bergsteigern des Tages, und er wollte mich unbedingt kennenlernen: ein amerikanischer GI, der in Okinawa stationiert war und sich umschauen wollte.

»Ich dachte schon, ich bin nicht normal«, sagte er, »aber Sie sind eine Frau und laufen wie ich.«

Ich wollte ihm nicht erklären, dass es schon seit Ewigkeiten Zoroastrierinnen gab. Er verdiente es nicht, dieser Linie anzugehören – er war geschwätzig und für das Erhabene unempfänglich. Solche Erbfehler kommen in allen Familien vor.

Die Landschaft wurde grandios, ich versuchte, meinem amerikanischen Vetter die Augen für diese Pracht zu öffnen. Er sagte bloß:

»*Yeah, great country.*«

Für einen Teller Pancakes hätte er vermutlich die gleiche Begeisterung gezeigt.

Ich wollte ihn loswerden und legte den nächsten Gang ein. Leider blieb er an mir kleben: »*That's a girl!*«

Er war sympathisch, also nicht die Bohne zoroastrisch.

Ich wünschte mir meine Einsamkeit zurück, um mich der Situation entsprechend in einen mazdeo-wagneria-nietzscheanischen Seelenzustand zu versetzen. Ausgeschlossen mit meinem GI, der ununterbrochen redete und mich fragte, ob Belgien nicht das Land der Tulpen sei. Nie habe ich die amerikanische Militärpräsenz in Okinawa mehr verflucht.

Auf dreitausendfünfhundert Meter Höhe bat ich ihn höflich zu schweigen, weil es ein heiliger Berg sei und ich die letzten zweihundertsiebenundsechzig Meter andächtig zurücklegen wollte. »*No problem*«, sagte er. Es gelang mir, seine Gegenwart zu ignorieren, und ich beendete trunken den Aufstieg.

Am Gipfel begann der Mond, ein riesiger steinerner Kreis rund um den Kraterschlund. Man konnte das Gleichgewicht nur halten, wenn man die Scheibe entlangging. Wenn man sich umdrehte, dehnte sich die japanische Ebene unter dem blauen Himmel, so weit das Auge reichte.

Es war vier Uhr nachmittags.

»Was machen Sie jetzt?«, erkundigte sich der GI.

»Ich warte auf meinen Geliebten.«

Die Antwort hatte die erhoffte Wirkung: Der Amerikaner verschwand umgehend Richtung Ebene. Ich seufzte vor Behagen.

Ich ging am Krater entlang. Ihn zu umrunden hätte wohl einen ganzen Tag erfordert. Hinein wagte sich niemand: Der Vulkan war zwar erloschen, aber das Wunderbare spukte noch in diesem Riesensteinbruch.

Gegenüber der Stelle, an der die Pilger ankamen, setzte ich mich auf den Boden. Alle stiegen den gleichen Hang herauf, obwohl der Berg doch konisch war, ich weiß nicht, warum. Vielleicht nur aus diesem japanischen Konformismus heraus, den ich ja auch unterschrieben hatte, weil ich Japanerin werden wollte. Außer dem Amerikaner und mir sah ich keine Ausländer. Es war rührend, die Greise zu beobachten, wenn sie, auf ihren Stock gestützt, den Gipfel erklommen, würdig, aber voll Stolz auf ihre Leistung.

»Jetzt bin ich ein Japaner, der diesen Namen verdient!«, rief ein Achtzigjähriger aus, der gegen achtzehn Uhr ankam.

Der Krieg hatte also nicht zum Ritterschlag gereicht. Erst ein Höhenunterschied von 3776 Metern gab einem das Recht auf diesen Titel.

In einem Land mit einer weniger ehrlichen Bevölkerung hätten die Leute den Aufstieg bestätigt haben wollen, so dass man gezwungen gewesen wäre, am Kraterrand einen Schalter zur Ausstellung von Zertifikaten einzurichten. Mir wäre das sehr entgegengekommen. So bleibt mir nur mein Wort, um mein Verdienst zu behaupten – und was ist das schon wert?

Rinri kam erst um achtzehn Uhr dreißig.

»Hier bist du!«, rief er erleichtert aus.

»Seit langem.«

Er ließ sich zu Boden fallen.

»Ich kann nicht mehr.«

»Jetzt bist du also ein echter Japaner.«

»Als ob ich das nötig hätte!«

Wie unterschiedlich er und der Achtzigjährige doch dachten. Die Nationalität schien eine Menge von ihrem Prestige verloren zu haben.

»Du willst doch wohl nicht hier sitzen bleiben«, sagte ich und zog ihn hoch, um ihn zu der langgestreckten Herberge zu führen, in der man sich Liegen besorgen konnte. Als er mir Kekse und fluoreszierenden Sprudel anbot, erinnerte ich ihn daran, dass wir im Morgengrauen aufstehen müssten, um dem Sonnenaufgang beizuwohnen.

»Wie bist du so schnell hier heraufgekommen?«, fragte er.

»Weil ich Zarathustra bin.«

»Zarathustra, der also sprach?«

»Ebender.«

Rinri nahm diese Mitteilung ohne Erstaunen hin und schlief ein. Ich schüttelte ihn, um ihn zu wecken, ich wollte seine Gesellschaft. Aber da hätte ich auch einen Toten schütteln können. Ich war überhaupt nicht müde: Ich war auf dem Gipfel des Fuji, das war viel zu aufregend, um auch nur ein Auge zuzubekommen. Also ging ich hinaus.

Nacht lag jetzt über der Ebene. In der Ferne war ein riesiger leuchtender Pilz zu erkennen: Tokio. Ich zitterte vor Kälte und vor Erregung, Japan so gerafft vor Augen zu haben: den uralten Fuji und die futuristische Hauptstadt.

Ich legte mich ganz nah an den Krater und schlotterte in meiner Schlaflosigkeit vor Gedanken, die so viel größer waren als ich selbst. Im Camp waren endlich alle eingeschlafen. Ich wollte als Erste die Sonne begrüßen.

Während ich darauf wartete, wurde ich eines unglaublichen Schauspiels gewahr. Ab Mitternacht schlängelten sich leuchtende Prozessionen den Berg hinan. Es gab also Menschen, die den Mut aufbrachten, die Besteigung nachts zu unternehmen, sicher auch, um nicht allzu lange in der Kälte ausharren zu müssen. Denn der Sonnenaufgang war der feierliche Moment, den man keinesfalls verpassen durfte. Früher brauchte man nicht da zu sein. Mit Tränen in den Augen sah ich die langen goldenen Raupen langsam zum Gipfel kriechen. Das waren bestimmt keine Sportler, sondern ganz normale Leute. Muss man ein solches Volk nicht bewundern?

Gegen vier Uhr morgens, als die ersten Nachtwanderer ihr Ziel erreichten, durchwirkten dünne Lichtfäden den Himmel. Ich ging hinein, um Rinri zu schütteln, der nur knurrte, er sei schon Japaner genug und werde mich abends am Wagen treffen. Ich verdiente es, Japanerin zu sein – er hätte es verdient, Belgier zu sein, dachte ich und ging wieder hinaus. Nach und nach versammelten sich die Menschen vor dem anhebenden Tag.

Ich gesellte mich zu der Gruppe. Alle standen aufrecht da und warteten in tiefstem Schweigen auf das Gestirn. Mein Herz fing sehr laut zu schlagen an. Keine Wolke am Sommerhimmel. Hinter uns der Abgrund des toten Vulkans.

Plötzlich tauchte ein rotes Fragment am Horizont auf. Ein Schauder durchlief die schweigende Versammlung. Mit einer Geschwindigkeit, die der Erhabenheit aber keinen Abbruch tat, entstieg bald die ganze Scheibe dem Nichts und stand über der Ebene.

Da geschah etwas, das mich auch in der Erinnerung noch überwältigt: Aus der Brust von Hunderten, die dort vereint waren, mich eingeschlossen, erhob sich ein einziger Schrei: »*Banzai!*«

Das war eine Untertreibung: Zehntausend Jahre hätten nicht gereicht, um das japanische Ewigkeitsgefühl auszudrücken, das dieses Schauspiel hervorrief.

Wahrscheinlich wirkten wir dabei wie eine rechtsradikale Versammlung. Dabei dürften die braven Leute dort so wenig Faschisten gewesen sein wie Sie und ich. In Wahrheit fühlten wir uns keiner Ideologie zugehörig, sondern einer Mythologie, und sicher einer der effizientesten der Welt.

Mit tränenumflortem Blick sah ich, wie das Rot der japanischen Flagge allmählich verblasste und Gold in den noch blassen Azur floss. Amaterasu war keine Kusine von mir.

Als die kollektive Ekstase sich ein wenig gelegt hatte, hörte ich jemanden sagen:

»Jetzt müssen wir wieder hinunter. Ich finde das anstrengender als hinauf. Der Abstiegsrekord soll bei fünfundfünfzig Minuten liegen. Ich frage mich, wie das gehen soll, zumal die ganze Anstrengung hinfällig wird, wenn man stürzt – man muss den Weg zu Fuß zurücklegen.«

»Das versteht sich doch von selbst«, sagte ein anderer.

»Nein. Der Boden ist so rutschig, dass man im Sitzen hinunterkommen könnte. Ich habe eine alte Dame gesehen, die es so gemacht hat.«

»Wollen Sie damit sagen, dass das nicht Ihr erster Aufstieg ist?«

»Es ist mein drittes Mal. Ich bekomme davon nicht genug.«

»Er hat sich seine Nationalität vielfach verdient«, dachte ich. Seine Worte waren also nicht auf taube Ohren gestoßen.

Ich postierte mich dem Gestirn gegenüber und stürzte Punkt fünf Uhr dreißig den Abhang hinunter, indem ich meine Bremse löste. Was ich erlebte, war mehr als grandios: Um einen Sturz zu vermeiden, musste das Hirn so schnell sein wie die Füße, die durch die Lava liefen, in ständiger Bewegung, nicht eine Sekunde durfte ich aussetzen bei der Überwachung des eigenen Wahns und musste lachen bei den unvermeidlichen Rutschpartien, die das Tempo noch beschleunigten; ich war ein Meteor, entsandt von der aufgehenden Sonne, ich war mein eigenes Studienobjekt in Ballistik, ich schrie zum Vulkanerwecken.

Als ich auf dem Parkplatz landete, war es nicht einmal Viertel nach sechs – ich hatte den Rekord um einiges unterboten. Leider gab es dafür keine offizielle Anerkennung. Mein Triumph würde für immer mein persönlicher Mythos bleiben.

An einem Wasserhahn wusch ich mir die Lavaspritzer von meinem geschwärzten Gesicht und löschte meinen Durst. Nun musste ich nur noch auf Rinri warten. Das würde lange dauern. Glücklicherweise kann man sich gar nicht langweilen, wenn man die Vorübergehenden beobachtet, vor allem in Japan. Ich setzte mich auf den Boden und betrachtete stundenlang die Menschen, als deren Landsmännin ich mich nun fast sah.

Es war gegen vierzehn Uhr, als Rinri zu mir stieß. Er wirkte wie in seine Einzelteile zerlegt. Ohne einen Ton fuhr er mich in dem Mercedes zurück nach Tokio.

Am nächsten Tag ließ er mir zweiundzwanzig rote Rosen bringen. Ein Kärtchen lag dabei: »Lieber Zarathustra, herzlichen Glückwunsch zum Geburtstag!« Er entschuldigte sich, dass er sie mir nicht persönlich überreichen könne, da er kein Übermensch sei. Seine schmerzenden Beine trügen ihn nicht mehr.

BENEDICT WELLS

Die Wanderung

Es war einer dieser späten Sommertage – der Himmel blau und in zarten, milchigen Dunst gehüllt –, die einen übermütig werden lassen und das Gefühl von Zeitlosigkeit geben, als wäre der nahende Herbst noch weit entfernt.

Henry M. befand sich im Garten des Ferienhäuschens, das er gekauft hatte, um dem Stress der Stadt zu entfliehen. Was natürlich mehr eine Wunschvorstellung war, denn auch jetzt saß er aufrecht auf der Liege und telefonierte mit einem Mitarbeiter. Seine Stimme dröhnte über das Grundstück, das kurzärmlige Hemd war aufgeknöpft, in der Hand hielt er einen Drink.

Als er auflegte, nahm er einen Schluck und blickte zufrieden auf den Berg, an dessen Fuß das Ferienhaus lag. Der Zurbriggen-Deal stand kurz vor dem Abschluss, dann hätte seine Firma eine der bemerkenswertesten Fusionen der letzten Jahre eingefädelt.

Henry lehnte sich zurück. Er las in einer Kurzgeschichte von John Cheever weiter, doch er war bald abgelenkt von dem fröhlichen Lärm hinter dem Haus. Schließlich legte er das Buch weg und ging nachsehen: Mia, seine Tochter, sprang artistisch in den Pool, seine Frau musste ihr dafür Noten geben.

»Jetzt kommt ein Salto mit Schraube.« Seine Tochter nahm Anlauf, sprang kraftvoll ab, schaffte nicht mal einen halben Salto und klatschte nach einer Drehung mit dem Rücken ins Wasser. Aufgeregt drehte sie sich zu ihrer Mutter um. »Und?«

»Eine Neun!«, sagte seine Frau.

Mia zog eine Schnute. »Mama, du bist viel zu nett. Das war höchstens eine Fünf. Du *musst* strenger sein.«

Henry lächelte. Er nahm einen Schluck und betrachtete seine Frau, die, eingetaucht in mildes Vormittagslicht, am Beckenrand stand. Sie arbeitete als Erzieherin und war zuletzt oft gestresst gewesen. Die Höhensonne tat ihr gut, sie wirkte erholt, fast blühend. Sie war ein Jahr älter als er, und er dachte amüsiert daran, wie schüchtern sie bei den ersten Treffen gewesen war.

Er legte den Arm um ihre Hüfte, zusammen sahen sie den nächsten Sprung ihrer Tochter an. Auch er musste nun eine Note verkünden; er gab seiner Tochter eine Sieben, seine Frau wieder eine Neun.

»Wir wollen gleich grillen.« Sie hielt seine Hand. »Bist du dabei?«

Henry gefiel die Vorstellung, den Tag mit seiner Familie zu verbringen, doch im selben Moment blickte er wieder hoch zum Berg. Trotz seiner Wanderleidenschaft war er noch nicht dort oben gewesen, dabei konnte der Aufstieg kaum länger dauern als ... was, zwei, drei Stunden? Ein Sonnenstrahl ließ sein Glas aufleuchten, der bevorstehende Deal machte ihn tatendurstig. Keine schlechte Vorstellung, zur Belohnung dort oben in einer Wirtschaft ein kühles Bier zu trinken.

»Ich dachte, ich mache noch eine kleine Wanderung.«

»Ist gut.« Seine Frau nickte, als habe sie nichts anderes erwartet.

Diese Ruhelosigkeit, dieser Drang nach einer Freiheit, die er oft nur in der Arbeit oder im Alleinsein fand, war immer seine Schwäche gewesen. Er hatte geglaubt, die Ehe würde ihn sesshafter machen, und später, dass die Kinder ihn verändern würden. Doch auch jetzt gefiel er sich als Flaneur, der leichtfüßig zwischen Familie, Arbeit und Freundschaften hin und her streifte, manchmal verweilte, aber nie ganz zu halten war. Sein Glück war seine Frau, die – selbst die Unabhängigkeit schätzend – ihn immer verstanden und oft am Ende des Tages auf ihn gewartet hatte, wenn er aus dem Büro oder von einer Reise zurückkehrte.

Sie gab ihm einen Kuss. »Aber nimm eine Jacke mit, es soll nachher vielleicht regnen. Und vergiss nicht, spätestens um acht wollten wir feiern.«

»Da bin ich längst zurück.« Er strich mit dem Daumen über die immer noch makellose Haut ihrer Hand. Dann löste er sich von ihr und ging ins Haus.

Sein Sohn war wie meistens oben im Zimmer. David war kränklich und litt seit zwei Jahren an ungeklärten Migräneanfällen, die ihn tagelang außer Gefecht setzten und aus ihm einen Einzelgänger gemacht hatten. Henry wusste, dass der Junge ihn brauchte, und er hatte das Ferienhaus auch deshalb gekauft, damit sie hier mehr Zeit zusammen verbringen konnten.

Das Zimmer des Sohnes war abgedunkelt, fast eine Höhle. David lag auf dem Bett und starrte an die Decke.

Wenn er Kopfschmerzen hatte, konnte er nicht mal lesen oder fernsehen; ausgerechnet heute war sein achter Geburtstag.

Henry setzte sich auf die Bettkante und versuchte, ein Gespräch anzufangen, aber sein Sohn antwortete nur einsilbig, und er selbst kam sich unbeholfen vor.

»Ich hoffe, du freust dich auf die Feier am Abend?«, fragte er schließlich. »Könnte nämlich sein, dass es eine Überraschung gibt.«

»Was für eine Überraschung?« David richtete sich auf. »Ein Fahrrad?«

»Abwarten.« Henry lächelte. »Es dürfte dir jedenfalls gefallen.«

Das Geschenk war teuer gewesen, aber David hatte einen schweren Sommer, und Henry hatte das Gefühl gehabt, sein Sohn verdiene etwas Großes.

Der Gedanke an das Geschenk schien den Jungen tatsächlich aufzumuntern. Seine Augen leuchteten auf, er wollte gerade etwas erzählen, als das Handy läutete. Henry zögerte, dann streichelte er seinem Sohn durchs Haar und ging zum Telefonieren auf den Flur; auf der Geburtstagsfeier am Abend würde er es wiedergutmachen.

Er diskutierte mit dem Mitarbeiter noch mal letzte Details des Zurbriggen-Deals. Ein kurzes, konzentriertes Gespräch, danach fühlte er sich übermütig und jung wie lange nicht. Es war erst Mittag, draußen dreißig Grad. Er machte sich noch einen Drink und zog feste Wanderschuhe an.

Im Garten betrachtete er das winzige Apfelbäumchen, das er nach dem Hauskauf gepflanzt hatte, als er hinter sich

Schritte hörte. Mia hatte sich umgezogen und wollte mitkommen, doch ohne groß nachzudenken, sagte er: »Ein anderes Mal. Ich muss noch ein paar Anrufe erledigen.«

Seine Tochter sah ihn enttäuscht an. »Darf ich dann wenigstens noch bis zum Ende der Straße mitkommen?«

Er lachte. »Natürlich!«

Sie gingen die fünfhundert Meter gemeinsam.

Das Nachbargrundstück war von Liguster eingefasst, der sommerliche Duft frischer Rosen hing satt und schwer in der Luft. Mia redete munter drauflos, erzählte ihm von ihren Freundinnen, löcherte ihn mit Fragen und wollte wissen, was er David zum Geburtstag schenke, aber auch hier sagte er nur: »Eine Überraschung.«

Plötzlich Gebell. Henry zuckte zusammen und sah sich um. Hunde machten ihm seit seiner Kindheit Angst, aber nirgends war einer zu sehen. Mia schien seine Aufregung nicht zu bemerken, sie sprach noch immer von der Geburtstagsfeier und dass sie ihrem Bruder ein Bild gemalt habe.

Als sie das Ende der Straße erreichten, war er fast betrübt, dass sie sich hier schon trennten. Aber er musste noch etwas tun, und die Fröhlichkeit seiner Tochter konnte auf einer längeren Wanderung vielleicht auch anstrengend werden.

Mia hatte ihm ohnehin längst verziehen. Sie rannte den Weg bis zum Haus zurück, nach hundert Metern drehte sie sich noch mal um und winkte ihm.

Er war überrascht, wie leicht ihm der Aufstieg fiel. Vor Jahren hatte er sich beim Skifahren den Meniskus gerissen, seitdem trat in seinem Knie hin und wieder ein Stechen auf; meist beim Bergab-Gehen, aber nicht nur. Doch bislang hatte er keine Beschwerden. Viele Wanderer waren mit ihm unterwegs, Henry grüßte freundlich, genoss aber vor allem die Momente, in denen er für sich war. Seine Schritte federten auf dem knisternden Waldboden, und wie früher als Junge versuchte er, das emsige Klacken, Hämmern und Krächzen in den Bäumen den einzelnen Vogelarten zuzuordnen. Er war noch ein wenig beschwipst von den Drinks, aber in der Hitze schwitzte er den Alkohol schnell heraus.

Als nach einer Stunde der Wald aufhörte, folgte ein langer Serpentinenanstieg. Der Weg war steiler als gedacht, aber er trieb viel Sport und war stolz, dass er kaum ins Schnaufen geriet. Unterwegs führte er mehrere Anrufe. Mit dem Deal lief alles glatt, allerdings war sein Akku fast leer. Die Sonne brannte ihm auf den Nacken; gut, dass er die Jacke doch nicht mitgenommen hatte.

Beschwingt kam er gerade an einer Wiese vorbei, als ihm auf einmal ein starker Verwesungsgeruch in die Nase stieg.

Henry sah sich um, konnte die Quelle des Gestanks aber einfach nicht ausmachen, und nach einigen Sekunden war die Luft wieder so rein wie zuvor.

Am frühen Nachmittag rastete er in der großen Almwirtschaft unter dem Gipfel; er hatte Glück und bekam den letzten freien Platz auf der Terrasse. Am Nebentisch saß eine teils südländisch wirkende Hochzeitsgesellschaft, immer wieder brach jemand in Gelächter aus. Er fragte sich, wer hier oben heiratete, und trank ein Bier, als der ersehnte Anruf aus dem Büro kam. Der Kollege plärrte ihm die gute

Nachricht beinahe ins Ohr: Der Vertrag für die Fusion war unterzeichnet worden.

Henry ballte die Faust. Über ein Jahr hatten sie daran gearbeitet, es war der Höhepunkt seines beruflichen Schaffens. Er überlegte, seine Frau anzurufen, entschied sich aber dafür, es ihr erst am Abend zu sagen. Die meisten seiner Triumphe hatte er zunächst allein ausgekostet.

Die Sonne brach durch die dichter werdenden Wolken und funkelte hinter der Bergkuppe. Henry blinzelte hinauf und dachte an das Geburtstagsgeschenk für seinen Sohn. An die Sprünge seiner Tochter am Pool. An die liebevolle Art seiner Frau und den Zurbriggen-Deal, der sein Ansehen und Vermögen beträchtlich mehren würde. Ein großes Glücksgefühl überkam ihn. Dies waren die goldenen Jahre, als Vater, als Mann und im Beruf, und er genoss seine Freiheit als Wanderer zwischen diesen Welten, die er für seine größte Leistung hielt.

Er winkte der jungen, hübschen Kellnerin. Sie lächelte ihm zu, Henry lächelte für einen kurzen Moment schwärmerisch zurück. Früher hatte er einige Affären gehabt, meistens, um die Monotonie seiner beruflichen Reisen etwas aufzulockern, aber in den letzten Jahren hatte er sich nur noch wenige solcher Eskapaden geleistet.

Beim Zahlen sah er auf sein Handy: Wenn er jetzt zurückging, würde er es rechtzeitig zur Geburtstagsfeier seines Sohns schaffen. Aber dann wäre er nicht auf dem Gipfel gewesen, und er hasste es, einmal gefasste Entschlüsse zu verwerfen. Er würde sich einfach beeilen, dann schaffte er mit etwas Glück beides.

Henry ging zügig, aber die letzte Etappe war länger als

gedacht. Unterwegs traf er niemanden, und als er die Berg-
spitze erklomm, war er allein. Die Wolken hatten sich inzwischen vor die Sonne geschoben, und der Ausblick war
nur unwesentlich besser als von der Wirtschaft. Etwas ernüchtert kehrte er um.

Beim Abstieg spürte er das befürchtete Stechen im Knie,
doch er durfte jetzt nicht langsamer werden; mit einer
deutlichen Verspätung erreichte er die Almwirtschaft. Die
Terrasse hatte sich vollständig geleert, auch die Kellnerin
war nicht mehr zu sehen. War er in seinem kindlichen
Glauben, die Zeit würde in schönen Momenten stehenblei-
ben, so lange weg gewesen? Oder waren bloß alle vor dem
nahenden Unwetter geflüchtet? Er wollte gerade selbst den
Weg ins Tal einschlagen, als jemand nach ihm rief.

Vor dem Eingang stand etwas verloren ein früherer
Kommilitone, dessen Nachname ihm entfallen war. Henry
ging widerwillig zu ihm, sie tauschten ein paar höfliche Be-
langlosigkeiten aus. Der Bekannte, dick geworden und in
einem verschwitzten Polo-Shirt, beglückwünschte ihn zu
seinen beruflichen Erfolgen. Dann machte er ein betroffe-
nes Gesicht. »Tut mir sehr leid, das mit deinem Sohn.«

Henry fühlte sich ertappt. Woher wusste der andere von
Davids Migräneanfällen? Vorsichtig erkundigte er sich, wie
der Kommilitone darauf käme.

»Hat mir vor einigen Wochen eine alte Freundin erzählt, Stella, sie arbeitet ja bei dir in der Firma. Wirklich
tragisch … so früh.«

Henry verschlug es kurz die Sprache. In seiner Firma
arbeitete keine Stella, die Bemerkung machte auch sonst

keinen Sinn. Irritiert verabschiedete er sich, dann ging er in Richtung Tal. Kaum war er allein, lachte er. Er musste seiner Frau von dieser seltsamen Begegnung erzählen. Mehrmals rief er zu Hause an, aber es war immer besetzt. Enttäuscht steckte er das Handy weg.

Ein kühler Luftzug wehte über den Hang, Henry rieb sich die Arme. Jetzt, wo die Sonne verschwunden war, wurde es auf dieser Höhe ein wenig kalt, wie er zugeben musste; die Jacke hätte er vielleicht doch lieber mitnehmen sollen. Das Stechen in seinem Knie ließ nicht nach, und er spürte, wie der Schmerz und das Gespräch mit dem Kommilitonen allmählich seine Stimmung verdarben.

Ein Blick auf die Uhrzeit bestätigte seine Befürchtung: Er würde es nicht pünktlich bis zur Feier um acht schaffen. Henry beschloss, den Serpentinenweg zu verlassen und eine Abkürzung über die Wiese zu nehmen. Er hatte jetzt schon lange keinen anderen Wanderer mehr gesehen, was ihn wunderte, und auf dieser neuen Route schien er definitiv der Einzige zu sein. Dann entdeckte er *ihn*.

Direkt vor ihm, mitten auf der Wiese, stand ein großer Schäferhund, sein dunkles Fell wirkte schmutzig und verfilzt.

Henry ging einige Schritte zur Seite. Der Hund verharrte an seiner Stelle, beobachtete ihn jedoch aufmerksam. Henry ärgerte sich über seine Angst, lächerlich war das ... Aber als Kind war er mal von einem Nachbarshund gebissen worden, und selbst die Welpen seiner Freunde bellten sofort, wenn sie ihn sahen. Er schien etwas an sich zu haben, was diese Tiere aufs äußerste reizte.

Inzwischen ging er fast nur noch seitlich statt geradeaus. Er wähnte sich bereits in Sicherheit, da hörte er ein aggressives Bellen. Henry drehte sich um und sah aus den Augenwinkeln, wie der Schäferhund losrannte. Panisch lief er davon, doch auf der weiten Wiese gab es keinen Baum, auf den er sich retten konnte. Er stolperte über eine Wurzel und schlug hart im Gras auf.

Henry spürte einen bohrenden Schmerz im Knöchel. Er glaubte den Schäferhund in seinem Nacken, sah bereits die hochgezogenen Lefzen vor sich. Hektisch drehte er sich um. Doch der Hund schien in eine andere Richtung davongelaufen zu sein, es war nichts mehr von ihm zu sehen. Alles, was er dort noch entdeckte, war ein großer, dunkler Holzpflock mitten auf der Wiese.

Henry musste bei seiner Flucht die Orientierung verloren haben. Anders konnte er es sich nicht erklären, dass der Wald noch immer so weit entfernt war, als die ersten Tropfen vom Himmel fielen und die drückende Hitze sich in einem heftigen Regenschauer entlud. Im ersten Moment lächelte er nur darüber. Was war er für ein Narr, diesen unbekannten Weg entlangzutrotten, klitschnass, Stunden zu spät und mit Schmerzen; und das alles am Tag des großen Zurbriggen-Deals.

Mit dem Regen kam die Kälte. Sie prallte zunächst an ihm ab, aber nach und nach drang sie in seine Knochen und in sein Gemüt, und wegen der stärker werdenden Schmerzen im Knöchel blieb er kurz stehen. Das konnte keine Verstauchung sein, vielleicht war etwas gebrochen. Mühsam ging er weiter, aber der Wald wollte nicht näher kommen, und er wagte es kaum noch, auf die Uhr auf seinem Handy zu sehen. Hätte er sich den Ausflug auf den Gipfel nur gespart!

Wieder versuchte er, seine Familie zu erreichen, diesmal kam die Ansage, die Nummer sei nicht vergeben, dann wurde das Display schwarz – der Akku war leer.

Der Wind pfiff über das Tal, in der Ferne spaltete ein mächtiger Blitz den schieferfarbenen Horizont. Es schien ein anderer Tag gewesen zu sein, als er am Pool gestanden und den Sprüngen seiner Tochter zugesehen hatte. Wieso hatte er sie nicht mitgenommen? Wieso zog es ihn in harmonischen Momenten so oft fort, von seiner Familie, von Abenden bei Freunden?

Mia und er hätten sich unterwegs unterhalten können, er hätte mehr über sie erfahren. Im Grunde wusste er kaum etwas von ihr. Seine Frau hatte ihm kürzlich erzählt, dass sie sich zum ersten Mal in einen Jungen verliebt habe, doch jetzt konnte er sich nicht mal mehr an den Namen erinnern; irgendetwas Spanisches. Luis? Jordi? Das Gedächtnis war nicht seine Stärke.

Bestimmt hätte seine Tochter beim Anblick des Hundes nur gelacht. Henry stellte sich vor, wie sie zu zweit durch den Regen gewandert wären, er vermisste ihr furchtloses, heiteres Wesen. Doch diese einsame Wanderung war seine Entscheidung gewesen, und es hatte ihn auch niemand dazu gezwungen, David in seinem dunklen Zimmer zurückzulassen oder die Jacke nicht mitzunehmen.

In der Abenddämmerung erreichte er den Wald. Die dichten Baumwipfel schützten ihn vor dem Regen, doch das kurzärmlige Hemd und seine Shorts fühlten sich längst steif und kalt an, und ohne Handy konnte er kaum noch einschätzen, wie spät es war. Vermutlich wartete seine Familie längst auf ihn, und David packte das Geschenk am Ende ohne ihn aus. Vielleicht stellte er es aber auch nur in die Ecke und ging enttäuscht auf sein Zimmer.

Er überlegte, wie sein Sohn vor den Migräneanfällen gewesen war. Lebhafter, ja, manchmal auch sehr direkt und gewitzt. Und hatte er damals nicht ein großes Interesse gehabt für … Was war es noch? Mineralien und Steine, genau. Aber auch Geschichten hatte er geliebt. Früher hatte er ihn oft ins Bett gebracht, da waren sie sich eigentlich sehr nahe gewesen. Ihm fiel ein, wie er seinem Sohn von einem Streich aus der Studienzeit erzählt hatte: Ein befreundeter Medizinstudent hatte aus der Pathologie einen Finger geklaut, den sie in der Mensa heimlich auf den Kartoffelbrei gesteckt hatten. David hatte vor Lachen kaum Luft bekommen.

Henry betrachtete die Regentropfen, die von den Ästen auf die Pfützen fielen, und auf einmal bereute er, dass er seinen Sohn später nie mehr ins Bett gebracht hatte. Bei Mia hatte er noch die Zeit gehabt oder sie sich einfach genommen, aber bei David war er zu oft abwesend gewesen. Ihm fiel ein, wie häufig seine Frau ihn gebeten hatte, mehr mit dem Jungen zu unternehmen. Die Urlaube, die er verpasst hatte, weil er beruflich wegmusste oder geglaubt hatte, wegzu*müssen;* die vielen Erlebnisse seiner Kinder, die er bloß vom Hörensagen kannte und kaum wahrnahm. Und hatte er die Zuneigung seiner Frau wirklich zu schätzen gewusst? Er hatte diese Jahre für sich gebraucht, und er hatte seine Firma aufbauen wollen. Das war ja keine simple Arbeit, die er da verrichtete, das war rauschhafter Erfolg; das war *Leidenschaft.* Aber jetzt, allein in dem matschigen Wald, musste er sich eingestehen, dass er ein schlechter Vater gewesen war, vielleicht auch ein schlechter Mann.

Henry biss sich auf die Lippe, und auf einmal spürte er Trotz. Ja, er hatte vielleicht Fehler gemacht, doch in den letzten Ferienwochen würden sie das alles nachholen. Das große Überraschungsgeschenk für David würde die Wende einleiten, dieses …

Ihm fiel plötzlich nicht mehr ein, was es war.

Ein Fahrrad? Nein, das ja gerade nicht, damit hatte sein Sohn gerechnet. Es war etwas anderes, noch Größeres. Aber sosehr er auch nachdachte, er kam einfach nicht mehr darauf. Die eisige Nässe lähmte seinen Verstand, und sie schien auch seine Sinne zu schwächen; beim Blinzeln hatte er für einen Moment geglaubt, eine Schneeflocke zu sehen.

Ein jäher, nie gekannter Schmerz fuhr in seinen Knöchel. Henry schnaufte vor Wut. Er zog Schuh und Socke aus und fuhr mit dem Finger über die Schwellung; die dicke Ader am Knöchel pulsierte. Plötzlich schrie er, überraschend laut. Er horchte in den Wald, doch als Antwort kam nur das endlose Plätschern des Regens. Vor sich wieder das Bild, wie ihm sein Sohn beim Abschied noch etwas hatte sagen wollen und wie er zum Telefonieren auf den Flur gegangen war.

Henry blickte auf den fahlen Weg vor ihm, den er kaum noch sah. Ihm kamen die Tränen. Er schämte sich, war aber zu zermürbt, um sich dagegen zu wehren. Mit der kalten

Hand wischte er sich über das Gesicht, dann hinkte er weiter. Bei jedem seiner Schritte stellte er sich einen Brunnen vor, in den er all seine Schmerzen versenkte; ein Trick aus seiner Wehrdienstzeit.

Inzwischen musste es Mitternacht sein. Obwohl er sich für sportlich gehalten hatte, hatte er vor Müdigkeit und Hunger kaum noch Kraft in den Beinen. Er hörte sich keuchen; so mussten sich Greise fühlen! Doch der Gedanke an seine Kinder trieb ihn voran. Vielleicht hatte er erst eine Wanderung wie diese gebraucht, um seine Lektion zu lernen, aber er würde seine Fehler korrigieren und alles ändern, wenn er nur endlich wieder zu Hause war.

Als er schließlich die nächtliche Lichtung erreichte, hatte er kaum noch damit gerechnet. In seinem Kopf das verschwommene Bild eines Sommernachmittags, als seine Tochter davongerannt war und sich in der Ferne noch einmal umgedreht und ihm gewinkt hatte.

Henry humpelte langsam die Straße hinunter zum Ferienhaus. Als Junge war er in solchen Momenten beseelt losgelaufen, auch jetzt spürte er, wie sein Herz bei jedem Schritt schneller klopfte. Am Nachbargrundstück hielt er kurz inne: Hatte es dieses geschmacklose, gläserne Gartenhaus dort immer schon gegeben? Er schüttelte über den Architekten den Kopf.

Endlich kam er zum Gartenzaun seines eigenen Anwesens. Er vermutete, dass die anderen bereits schliefen und die Fenster dunkel sein würden. Doch zu seiner Überraschung brannte im Wohnzimmer noch Licht, und auf den Stufen vor der Haustür entdeckte er seine Frau.

Wie so oft hatte sie am Ende des Tages auf ihn gewartet.

Henry betrachtete sie eine Weile gerührt, in der Dunkelheit konnte er sie allerdings nicht gut erkennen. In diesem Moment sah sie ihn.

»Wo warst du denn?«

Er hatte gehofft, sie würde zu ihm kommen, aber sie blieb auf den Stufen sitzen.

Den ganzen Rückweg über hatte er sich noch einen letzten Funken Fröhlichkeit bewahrt, ein kleines trotziges Lächeln, das jetzt zum Einsatz kam. »Halb so wild. Hab mich nur ein bisschen verlaufen.«

Sie erhob sich jetzt langsam, beide gingen aufeinander zu. Auf einmal fühlte er, wie schwach und erschöpft er wirklich war und wie sehr er ihre Wärme vermisst hatte, doch sie wand sich aus seiner Umarmung. »Du siehst ja fürchterlich aus.«

Er hatte erst den Drang, ihr von seinem Ausflug zu erzählen, dann deutete er nur mit dem Kinn zu den dunklen Fenstern im ersten Stock. »Wie war die Feier?«

Seine Frau musterte ihn erstaunt. »Was meinst du?«

»Hat David unser Geschenk schon aufgemacht?«

Diese Frage schien sie noch mehr zu beunruhigen als die vorherige. Sie trat einen Schritt zurück. »Machst du einen Witz?«

»Nicht dass ich wüsste.« Er versuchte es noch mal: »Schlafen die beiden, oder kann ich noch kurz zu ihnen?«

Seine Frau betrachtete ihn wie einen Fremden, ihr Mund bekam einen harten Zug. »Ich weiß nicht, was mit dir passiert ist oder wieso du das fragst«, sagte sie schließlich, »aber Mia lebt mit ihrem Mann in Spanien, und David ist schon vor langer Zeit … Bist du sicher, dass alles okay mit dir ist?«

Henry war verblüfft über den Streich, der ihm hier gespielt wurde. Er überlegte, was er darauf antworten solle, da fiel ihm der kräftige, hochgewachsene Apfelbaum auf, der im Garten stand. Und als er den Blick senkte und die Hand seiner Frau sah, die er nun krampfhaft und zitternd festhielt, war sie ebenso alt und faltig wie seine eigene.

Er stammelte etwas, einen Laut der Verwunderung, dann fühlte er wieder seine klamme, nasse Kleidung und verstummte. Er hatte nichts mehr zu sagen.

»Schatz, was ist denn nur mit dir passiert?« Seine Frau seufzte. »Komm, ich lass dir erst mal ein Bad ein, dann musst du mir alles erzählen.«

Sie strich ihm über die Wange und ging wieder hinein.

Henry stand noch immer an derselben Stelle, zwischen dem Gartenzaun und dem Eingang, und rührte sich nicht. Es waren von hier nur acht Schritte ins Haus, höchstens neun, aber er spürte, dass er es nicht mehr schaffen würde.

Wandern

Vor dem Hotel, an eine Bruchsteinmauer gerückt, stand eine lange Holzbank. Auf diese setzte sich Clive nach dem Frühstück, um sich die Stiefel zu schnüren. Wenngleich ihm das Schlüsselelement seines Finales immer noch nicht eingefallen war, kamen ihm doch bei seiner Suche zwei wesentliche Vorteile zustatten. Der erste war allgemeiner Natur: Er fühlte sich zuversichtlich. Sämtliche Vorarbeiten hatte er in seinem Atelier geleistet, und obwohl er nicht gut geschlafen hatte, war er froh, wieder in seiner Lieblingslandschaft zu weilen. Der zweite war besonderer Natur: Er wußte genau, was er wollte. Im Grunde arbeitete er sich von hinten vor, ahnte er doch, daß das Thema bruchstückhaft und andeutungsweise in der Musik enthalten war, die er bereits geschrieben hatte. Den richtigen Einfall würde er schon erkennen, sobald er ihm kam. In der fertigen Komposition würde sich die Melodie für das ungeübte Ohr so anhören, als sei sie in der Partitur bereits an anderer Stelle vorweggenommen oder entwickelt worden. Die richtigen Noten zu finden wäre ein Akt inspirierter Synthese. Ihm war, als kenne er sie bereits, könne sie nur noch nicht hören. Er kannte ihre lockende Süße und Melancholie. Er kannte ihre Schlichtheit, und das Vorbild war eindeutig Beethovens *Ode an die Freude*. Er dachte an die erste Verszeile – einige wenige aufsteigende, einige wenige abfallende Tonstufen. Ebensogut mochte es sich um ein Kinderlied handeln. Es war völlig anspruchslos und hatte doch zugleich so viel spirituelles Gewicht. Clive erhob sich und ließ sich von der Kellnerin, die zu ihm herausgekommen war, seine Wegzehrung geben. Solcherart war der erhabene Charakter seiner Mission und Ambition. Beethoven.

Er kniete auf dem Kies des Parkplatzes nieder, um die Käsesandwiches in seinem Rucksack zu verstauen. Dann hängte er sich den Rucksack um und machte sich auf den Weg ins Tal. In der Nacht war eine Warmluftfront über die Lakes hinweggezogen, und der Rauhreif, der auf den Bäumen und der Wiese am Wildbach gelegen hatte, war bereits geschmolzen. Die Wolkendecke war hoch und gleichförmig grau, das Licht klar und konturlos, der Pfad trocken. Bessere Bedingungen konnte man sich im späten Winter gar nicht wünschen. Er schätzte, daß ihm acht Stunden Tageslicht zur Verfügung standen. Freilich wußte er, daß er den Heimweg auch mit der Taschenlampe finden würde, vorausgesetzt, daß er das Moor bis zum Einbruch der Dunkelheit hinter sich gelassen hätte und wieder im Tal wäre. Folglich blieb ihm genügend Zeit, um Scafell Pike zu besteigen; die Entscheidung konnte er aber auch noch hinauszögern, bis er auf Esk Hause stand.

Während der ersten Stunde, nachdem er den Weg Richtung Süden ins Langstrath Valley eingeschlagen hatte, verspürte er trotz seiner Zuversicht mit Unbehagen, wie ihn die Einsamkeit der freien Natur umfing. Hilflos verlor er sich in einem Tagtraum, eine ausgefeilte Geschichte über jemanden, der hinter einem Felsen lauerte, um ihn umzubringen. Hin und wieder blickte er über die Schulter zurück. Da er oft allein wanderte, war ihm dieses Gefühl nicht unvertraut. Stets mußte er ein gewisses Widerstreben überwinden. Es bedeutete eine Willensanspannung, ein Ringen mit dem Instinkt, sich von den nächsten Menschen zu entfernen, von Obdach, Wärme, Hilfsbereitschaft. Dem Sinn für Größenverhältnisse, der an die täglichen Perspektiven von Räumen und Straßen gewöhnt war, trotzte plötzlich eine ungeheure Leere. Die Felsenformation, die sich über dem Tal erhob – ein einziges zu Stein verfestigtes Stirnrunzeln. Das Tosen und Toben des Wildbachs sprach von Bedrohung. Sein sinkender Mut und alle seine instinktiven Regungen gaben ihm ein, daß es töricht und unnötig war weiterzugehen, daß er einen Fehler beging.

Clive ging weiter, weil seine Mutlosigkeit, seine Ängstlichkeit genau die Verfassung – die Krankheit – war, von der er sich zu befreien hoffte, sie war der Beweis, daß ihn seine tägliche Schinderei – stundenlang übers Klavier gekauert – zu kriecherischem Verhalten genötigt hatte. Er würde wieder stark sein und frei von Angst. Hier herrschte keine Bedrohung, einzig die Gleichgültigkeit der Elemente. Natürlich gab es Gefahren, aber doch nur die üblichen, und die waren gering: Er mochte sich bei einem Sturz verletzen oder sich verlaufen; ein heftiger Wetterumschwung, der Einbruch der Nacht. Wenn er damit fertigwürde, wäre das Gefühl, Herr der Lage zu sein, wiederhergestellt. Bald würde jeder Hinweis auf Menschen von den Felsen wie weggewaschen sein, die Landschaft würde ihre Schönheit wiedergewinnen und ihn in sich aufnehmen; das unvordenkliche Alter der Berge und ihre feinmaschige Besiedelung mit Lebewesen würde ihn daran erinnern, daß er ein Teil dieser Ordnung war und als solcher unbedeutend, und er wäre erlöst.

Heute freilich ließ dieser heilsame Prozeß länger als sonst auf sich warten. Er war eineinhalb Stunden gelaufen, und noch immer suchte er gewisse Felsblöcke vor sich danach ab, was sich hinter ihnen verbergen mochte, und betrachtete die düstere Steilwand aus Fels und Gras am Ende des Tales mit unbestimmtem Grauen. Noch immer quälten ihn Wortfetzen aus seinem Gespräch mit Vernon. Die Weite, die seine Sorgen bedeutungslos erscheinen lassen sollte, ließ alles bedeutungslos erscheinen: Jedes Bestreben schien sinnlos. Insbesondere Sinfonien: schwache Signale, Schwulst, zum Scheitern verurteilte Versuche, einen Berg aus Klängen aufzutürmen. Leidenschaftliches Bemühen. Und wozu? Geld. Anerkennung. Unsterblichkeit. Ein Verfahren, den blinden Zufall zu leugnen, der uns hervorgebracht, und der Angst vor dem Tod zu wehren. Er blieb stehen, um sich die Schnürsenkel fester zu binden. Ein Stück weiter zog er seinen Pullover aus und nahm einen tiefen Schluck aus der Feldflasche, um den Geschmack des Räucherherings loszuwerden, den er unklugerweise zum Frühstück gegessen hatte. Dann mußte er gähnen und dachte an das Bett in seinem kleinen Zimmer. Er war doch wohl noch nicht müde? Aber umkehren konnte er auch nicht, nicht nach all den Anstrengungen, die er unternommen hatte, um hierherzugelangen.

Er kam zu einer Brücke, die über den Bach führte, hielt an und setzte sich. Er mußte eine Entscheidung treffen. Er konnte den Bach hier überqueren und auf der linken Flanke rasch zum Stake Pass aufsteigen; oder er konnte bis zum Ende des Tals weiterlaufen und dann den hundert Meter hohen Steilhang zum Tongue Head hinaufkraxeln. Nach einer Kletterpartie Hand über Hand war ihm eigentlich nicht zumute, doch ebensowenig behagte ihm die Aussicht, körperlicher Schwäche oder seinem Alter nachzugeben. Schließlich beschloß er, dem Bachlauf zu folgen – vielleicht würden ihn die Strapazen einer Kletterpartie aus seiner Starre reißen.

Eine Stunde später befand er sich am Ende des Tals. Er sah sich dem ersten steilen Anstieg gegenüber und bereute seine Entscheidung. Es hatte heftig zu regnen begonnen, und was immer von der wasserundurchlässigen Kleidung behauptet wurde, in die er sich jetzt zwängte, er wußte, bei der körperlichen Anstrengung der Kletterei würde er ins Schwitzen geraten. Er mied den glitschig nassen Fels weiter unten und wählte eine Strecke, die über hohe Grasnarben führte, und in der Tat, binnen Minuten rann ihm, mit Regen vermischt, der Schweiß in die Augen. Es ärgerte ihn, daß sich sein Puls schon so bald beschleunigte und er alle drei oder vier Minuten stehen bleiben mußte, um zu verschnaufen. Ein solcher Aufstieg ging doch wohl nicht über seine Kräfte? Er trank aus seiner Feldflasche und marschierte weiter. Dabei nutzte er seine Einsamkeit, um bei jedem schwierigen Tritt laut zu ächzen und zu stöhnen.

Hätte er jemanden bei sich gehabt, hätte er einen Scherz über die Demütigungen des Älterwerdens gemacht. Aber in England hatte er keine engeren Freunden mehr, die seine Leidenschaft teilten. Alle, die er kannte, schienen vollauf damit zufrieden, ohne Wildnis auszukommen – ein Land-gasthaus, Hyde Park im Frühling, mehr Auslauf brauchten sie nicht. Die konnten nun wirklich nicht behaupten, im vollen zu leben. Naßgeschwitzt, keuchend hievte und stemmte er sich mit Mühe auf einen grasbewachsenen Felsvorsprung, wo er liegen blieb. Er kühlte sein Gesicht auf der Grasnarbe, während der Regen auf seinen Rücken prasselte, und verfluchte seine Freunde als Langweiler ohne jede Lebenslust. Sie hatten ihn im Stich gelassen. Niemand wußte, wo er sich befand, und niemand machte sich auch nur das mindeste daraus.

Nachdem er fünf Minuten lang gelauscht hatte, wie der Regen auf das Material seiner wasserundurchlässigen Kleidung trommelte, erhob er sich und kletterte weiter. Aber war denn der Lake District überhaupt eine Wildnis? Von Wanderern plattgetreten, war noch der letzte unbedeutende Geländepunkt ausgeschildert und wurde selbstgefällig gefeiert. Eigentlich war das Ganze nichts weiter als eine gigantische braune Turnhalle und dieser Anstieg eine grasbewachsene Sprossenwand. Fitneßtraining im Regen. Weitere entkräftende Gedanken suchten ihn heim, als er auf den Paß zukletterte, doch als er an Höhe gewann und der Aufstieg nicht mehr ganz so steil war, als der Regen nachließ und ein langer Riß in der Wolkendecke ihm den winzigen Trost schwacher Sonnenstrahlen verschaffte, stellte es sich endlich ein – er begann sich wohl zu fühlen. Vielleicht war es ja nichts anderes als die Wirkung der Endorphine, die durch die Betätigung der Muskeln freigesetzt wurden, oder er hatte schlicht und einfach zu einem Rhythmus gefunden. Oder es war der von Bergwanderern hochgeschätzte Augenblick, wenn man einen Paß erreichte, die Wasserscheide zu überqueren begann und sich neue Höhen und Täler ins Blickfeld schoben – Great End, Esk Pike, Bowfell. Jetzt war die Bergwelt wunderbar.

Inzwischen auf beinahe ebenem Gelände, lief er über die Grasbüschel zu dem Pfad, der die Wanderer von Langdale heraufführte. Im Sommer war dies eine deprimierend überlaufene Wegstrecke, heute dagegen sah man nur einen einsamen, in Blau gekleideten Wanderer, der die weite Moorlandschaft durchquerte und zielstrebig auf Esk Hause zueilte wie zu einem Stelldichein. Als Clive näher kam, sah er, daß es eine Frau war, was ihn bewog, sich in die Rolle ihres Liebhabers zu versetzen. Dies war die heimliche Zusammenkunft, die sie so sehnlichst herbeigewünscht hatte: Er wartete auf sie an einem einsamen Bergsee, rief, als sie sich näherte, ihren Namen, entnahm seinem Rucksack den Champagner und zwei silberne Flöten und ging auf sie zu … Clive hatte noch nie eine Geliebte oder auch nur eine Ehefrau gehabt, die gerne wanderte. Einmal war Susie Marcellan, die für alles Neue zu haben war, in die Catskills mitgekommen und hatte sich als hilflose Manhattan-Exilantin entpuppt, die den lieben langen Tag über Insekten, Blasen und einen Mangel an Taxis klagte.

Als er den Pfad erreichte, befand sich die Frau einen Dreiviertelkilometer vor ihm und hielt sich immer weiter nach rechts, in Richtung der Allen Crags. Er blieb stehen, um sie davonziehen zu lassen und das weite Hochplateau allein für sich zu haben. Der Riß im Himmel weitete sich, und hinter ihm, auf Rosthwaite Fell, polierte ein auf das Farnkraut fallender Lichtstrahl das allgegenwärtige Braun mit glühenden Rot- und Gelbtönen auf. Clive packte seine Regenhaut ein, verzehrte einen Apfel und überlegte sich seine Strecke. Inzwischen war er dafür, Scafell Pike zu erklimmen, ja es drängte ihn geradezu aufzubrechen. Der schnellste Aufstieg war von Esk Hause her, aber da er nun schon einmal in Schwung war, beschloß er, in nordwestlicher Richtung weiterzulaufen, zum Sprinkling Tarn und weiter zum Sty Head abzusteigen und den langwierigen Aufstieg über die Corridor Route zu wählen. Wenn er unterhalb von Great End herunterkäme und denselben Weg nach Hause nähme, den er heraufgekommen war, über das Langstrath Valley, wäre er vor Einbruch der Dämmerung wieder im Hotel.

So machte er sich denn gemächlichen Schrittes auf den Weg zu dem verlockend breiten Bergrücken von Esk Hause. Inzwischen hatte er das Gefühl, daß, was die Kondition anbelangte, zwischen ihm und seinem Ich, als er dreißig war, doch kein so großer Unterschied bestand und daß nicht mangelnde Muskelkraft, sondern seine Gemütsverfassung ihm im Weg gestanden hatte. Wie kräftig sich seine Beine anfühlten, jetzt da seine Stimmung sich gebessert hatte!

Er mied die breiten Trampelpfade, die die Wanderer ausgetreten hatten, und hielt in einem weiten Bogen auf die Kammlinie vor ihm zu. Dabei betrachtete er, wie es oft geschieht, sein Leben aus einer anderen Sicht und freute sich über jüngste kleinere Erfolge: die Neuausgabe einer CD mit einem frühen Orchesterwerk, eine beinahe ehrfürchtige Erwähnung seines Œuvres in einer Sonntagszeitung, die weise und humorvolle Rede, die er gehalten hatte, als er einem sprachlosen Schuljungen den Kompositionspreis zuerkannte. Clive ließ sein Werk in seiner Gesamtheit Revue passieren: wie vielgestaltig und reichhaltig es schien, wann immer er in der Lage war, es von einer höheren Warte aus zu betrachten, und wie es seine gesamte Lebensgeschichte in zusammengefaßter Form wiedergab. Und er hatte noch so viel zu tun! Liebevoll gedachte er der Menschen in seinem Leben. Vielleicht hatte er Vernon ungerecht behandelt; dieser versuchte doch nur, seine Zeitung vor dem Untergang zu bewahren und das Land vor Garmonys mitleidloser Politik zu schützen. Noch am selben Abend würde er Vernon anrufen. Ihre Freundschaft war zu wichtig, als daß er sie wegen eines einzigen Streits aufs Spiel setzen durfte. Bestimmt konnten sie sich darauf einigen, unterschiedlicher Ansicht zu sein, und weiterhin Freunde bleiben.

Mit diesen milden Gedanken gelangte er endlich zu dem Gebirgskamm, von wo er einen Ausblick auf den langen Abstieg zum Sty Head hatte, doch was er sah, entlockte ihm einen Ausruf der Verärgerung. Eine Gruppe von Wanderern, markiert von leuchtenden Punkten fluoreszierender Orange-, Blau- und Grüntöne, zog sich über mehr als eineinhalb Kilometer hin. Es waren Schulkinder, vielleicht hundert an der Zahl, die im Gänsemarsch zum Bergsee hinunterliefen. Er würde mindestens eine Stunde brauchen, um sie alle zu überholen. Die Landschaft war augenblicklich wie verwandelt, gezähmt, zu einem zertrampelten Ausflugsziel degradiert. Er erging sich nicht in seinen üblichen Verwünschungen – die Idiotie fluoreszierender Anoraks, mit denen die Umwelt verunstaltet wurde, oder die Frage, weshalb Leute sich genötigt sahen, in so abscheulich großen Gruppen herumzulaufen –, sondern bog rechts ab, zu den Allen Crags. Kaum befand sich die Gruppe außer Sichtweite, war seine gute Stimmung wiederhergestellt. Er würde sich die kraftraubende Besteigung des Scafell Pike sparen und statt dessen den Grat entlang über Thornythwaite Fell gemächlich ins Tal zurückkehren.

Binnen weniger Minuten, so kam es ihm vor, stand er auf der Spitze des Felsens. Er kam wieder zu Atem und beglückwünschte sich zu seiner neuen Route. Er hatte eine Wegstrecke vor sich, die in Wainwrights *The Southern Fells* als »abwechslungsreich« bezeichnet wurde; der Pfad führte hinauf und hinab, an kleinen Bergseen vorbei, durchquerte Sümpfe, Felsenausbisse und steinerne Plateaus, bis man zu den Gipfeln des Glaramara gelangte. Genau dies war die Aussicht, die ihn in der Woche zuvor soweit beruhigt hatte, daß er eingeschlafen war.

Er war eine Viertelstunde gelaufen und erklomm eben einen Hang, der in einer mächtigen, schrägen, marmorierten Felsenplatte endete, als es endlich geschah, genau wie er es sich erhofft hatte: Er genoß seine Einsamkeit, er fühlte sich wohl in seinem Körper, mit seinen Gedanken weilte er zufrieden anderswo, als er die Musik hörte, nach der er gesucht hatte, oder zumindest einen Hinweis auf ihre Form.

Es war ein Geschenk des Himmels: Als er näher kam, flog vor ihm mit lautem Schreckensruf ein großer, grauer Vogel auf. Während dieser an Höhe gewann und über dem Tal kreiste, stieß er einen piepsenden Schrei aus, den Clive wiedererkannte: Es war die Umkehrung eines Motivs, das er bereits für Pikkoloflöte gesetzt hatte. Wie elegant, wie einfach. Die Umkehrung der Tonfolge eröffnete ihm die Möglichkeit einer schlichten und schönen Weise im Viervierteltakt, die er beinahe schon hören konnte. Aber doch noch nicht ganz. Ihm fiel das Bild einer ausziehbaren Treppe ein, deren Stufen herabglitten – aus der Falltür eines Dachbodens oder aus der Tür eines Leichtflugzeugs. Ein Ton kündigte den nächsten an, nahm ihn vorweg. Er hörte sie, er hatte sie, dann waren sie wieder verschwunden. Es blieben die quälende Glut eines Nachbilds und der verklingende Ruf einer traurigen kleinen Weise. Diese Synästhesie war die reinste Folter. Die Töne waren auf vollkommene Art ineinandergefügt, kleine gutgeölte Scharniere, mit deren Hilfe die Melodie einen vollkommenen Bogen beschrieb. Als er die schräge Felsenplatte erreichte und anhielt, um nach dem Notizbuch und dem Bleistift in seiner Tasche zu greifen, hätte er sie fast wieder gehört. Sie war nicht nur traurig. In ihr lag auch Fröhlichkeit, zuversichtliche Entschlossenheit gegen eine große Übermacht. Mut.

In der Hoffnung, den Rest herbeizwingen zu können, begann er die Bruchstücke des Gehörten zu notieren, als er eines anderen, nicht imaginären Lauts inne wurde. Es war kein Vogelruf, sondern das Murmeln einer Stimme. Er war so konzentriert, daß er der Versuchung aufzuschauen beinahe widerstanden hätte, aber dann konnte er doch nicht umhin. Als er über die vorspringende Felsenplatte spähte, die zehn Meter tief abfiel, erblickte er unter sich einen winzigen Bergsee, kaum größer als ein breiter Tümpel. Auf dem Gras, das diesen auf der anderen Seite säumte, stand die Frau, die er hatte vorbeieilen sehen, die Frau in Blau. Ihr gegenüber stand ein Mann, der mit einer tiefen Brummstimme ununterbrochen auf sie einredete und ganz gewiß nicht wie ein Wanderer gekleidet war. Sein Gesicht war lang und dünn, wie das eines Rüsseltieres. Er trug ein altes Tweedjackett, eine graue Flanellhose und eine flache Stoffmütze. Um den Hals hatte er einen schmutzigweißen Tuchfetzen geschlungen. Vielleicht ein Bergbauer oder ein Freund, der es verschmähte, zu wandern und die entsprechende Kleidung zu tragen, und der gekommen war, um sich mit ihr zu treffen. Wie Clive es sich ausgemalt hatte – die heimliche Zusammenkunft.

Die deutlichen Gestalten zwischen den Felsen – eine gewaltige Überraschung – schienen allein ihm zuliebe dazusein. Es war, als handle es sich um Schauspieler, die ein Tableau bildeten, dessen Bedeutung er erraten sollte, als meinten sie es nicht ganz ernst und täuschten nur vor, nicht zu wissen, daß er sie beobachtete. Was immer hier vorging, Clives erster Gedanke war klar wie eine Neonschrift: *Ich bin nicht hier.*

Er duckte sich und fuhr mit seinen Notizen fort. Wenn es ihm gelänge, die bekannten Elemente jetzt aufs Papier zu bannen, könnte er sich leise an eine andere Stelle auf dem Kamm zurückziehen und den Rest erarbeiten. Als er die Frauenstimme hörte, wollte er sie nicht wahrhaben. Es war schon schwer genug, einzufangen, was ihm noch eine Minute vorher so klar vorgekommen war. Eine Weile quälte er sich ab, dann fand er es wieder, jenes Ineinandergreifen, so faßbar, wenn es vor ihm stand, so schwer faßbar, sobald seine Aufmerksamkeit erlahmte. Er strich die Noten ebenso schnell durch, wie er sie hinkritzelte, doch als er hörte, wie die Stimme der Frau zu einem plötzlichen Schrei anschwoll, erstarrte seine Hand.

Er wußte, es war ein Fehler, er wußte, er hätte weiterschreiben sollen, trotzdem spähte er ein weiteres Mal über den Felsen. Inzwischen hatte sie sich umgewandt und blickte in Clives Richtung. Er schätzte sie auf Ende Dreißig. Sie hatte ein kleines, dunkles, knabenhaftes Gesicht und gelocktes schwarzes Haar. Sie und der Mann kannten einander, denn sie stritten – aller Wahrscheinlichkeit nach ein Ehekrach. Sie hatte ihren Rucksack auf dem Boden abgestellt und stand in einer Trotzhaltung da, breitbeinig, die Hände in die Hüften gestemmt, den Kopf leicht nach hinten gebogen. Der Mann trat einen Schritt auf sie zu und faßte sie am Ellbogen. Mit einer jähen Armbewegung schüttelte sie ihn ab. Dann schrie sie etwas, hob ihren Rucksack auf und versuchte, ihn über die Schulter zu schlingen. Aber er hatte ihn gleichfalls gepackt und zog daran. Ein paar Sekunden lang rauften sie, und der Rucksack wurde bald in diese Richtung, bald in jene gezerrt. Dann bekam der Mann ihn ganz zu fassen und schleuderte ihn mit einer einzigen verächtlichen Bewegung, einem bloßen Rucken des Handgelenks, in den Bergsee, wo er, halb unter Wasser, auf und ab tanzte und langsam unterging.

Die Frau tat zwei rasche Schritte ins Wasser, dann besann sie sich anders. Als sie sich umwandte, machte der Mann einen weiteren Versuch, ihren Arm zu packen. Die ganze Zeit über sprachen und zankten sie, aber der Klang ihrer Stimmen drang nur zeitweilig an Clives Ohr. Den Bleistift zwischen den Fingern, das Notizbuch in der anderen Hand, lag er auf seiner schrägen Felsenplatte und seufzte. Sollte er wirklich eingreifen? Er stellte sich vor, wie es wäre, wenn er hinabrannte. Sobald er bei ihnen ankäme, würden

sich die Möglichkeiten gabeln: Der Mann mochte davon-
rennen; die Frau wäre dankbar, und gemeinsam könnten sie
über Seatoller zur Hauptstraße absteigen. Selbst dieser, der
unwahrscheinlichste Ausgang würde seine delikate Eingebung zunichte machen. Wahrscheinlicher war es, daß der
Mann seine ganze Aggression gegen Clive richten würde,
während die Frau hilflos zusähe. Oder voller Genugtuung;
denn auch dies war möglich: daß sie einander eng verbunden waren, daß sie sich beide gegen ihn wenden würden,
weil er sich erdreistet hatte, sich einzumischen.

Die Frau schrie von neuem auf, und Clive, der gegen den
Felsen gepreßt dalag, schloß die Augen. Etwas Kostbares,
ein Kleinod, entglitt ihm. Es hätte eine andere Möglichkeit gegeben; statt hier heraufzuklettern, hätte er sich entscheiden können, an den fluoreszierenden Schulkindern
vorbei zum Sty Head hinunterzulaufen und die Corridor
Route zum Scafell Pike zu wählen. Was immer hier vor sich
ging, hätte ohnedies seinen Lauf genommen. Ihr Schicksal,
sein Schicksal. Das Kleinod, die Melodie. Deren Bedeutung
lastete auf ihm. So vieles hing davon ab: die Sinfonie, die
Festlichkeiten, seine Reputation, des vielbeklagten Jahrhunderts Ode an die Freude. Er zweifelte nicht daran, daß
das, was er da mit halbem Ohr gehört hatte, Bestand haben
würde. In dessen Schlichtheit lag die Autorität eines ganzen
Lebenswerks. Auch daran zweifelte er nicht, daß es kein
Stück Musik war, welches nur darauf geharrt hatte, auf-
gefunden zu werden; vielmehr hatte er, bis er gestört worden war, daran gearbeitet, es zu *erschaffen,* es zu schmieden
aus dem Ruf eines Vogels, hatte sich die wache Passivität
eines willigen schöpferischen Geistes dienstbar gemacht.

Eines stand fest, er mußte sich entscheiden: Entweder kletterte er hinunter und beschützte die Frau, falls sie des Schutzes bedurfte, oder er stahl sich davon, am Hang des Glaramara entlang, um eine geschützte Stelle zu finden, wo er seine Arbeit fortsetzen konnte – wenn es dafür nicht schon zu spät war. Was er nicht konnte, war hierbleiben und nichts tun.

Als eine wütende Stimme erscholl, schlug er die Augen auf und zog sich hoch, um einen weiteren Blick hinabzuwerfen. Der Mann hatte die Frau am Handgelenk gepackt und versuchte, sie um den Bergsee herum zu dem Windschatten der senkrechten Felswand direkt unter Clive zu zerren. Mit der freien Hand scharrte sie auf dem Boden, womöglich suchte sie einen Stein, den sie als Waffe benutzen könnte, aber das erleichterte es ihm nur, sie weiterzuzerren. Ihr Rucksack war untergegangen. Die ganze Zeit über redete der Mann auf sie ein, er hatte die Stimme wieder gesenkt – ein unablässiger, undeutlicher Brummton. Plötzlich gab sie einen flehenden Jammerlaut von sich, und Clive wußte genau, was er zu tun hatte. Noch als er den Hang hinabstieg, begriff er, daß sein Zögern geheuchelt war. Er hatte sich in dem Augenblick entschieden, als er gestört worden war.

Auf ebenem Gelände eilte er die Strecke zurück, auf der er gekommen war, dann stieg er in einem weitausholenden Bogen auf dem Westhang unterhalb der Kammlinie ab. Zwanzig Minuten später fand er einen flachen Felsen, den er als Tisch benutzen konnte, und stand über seine Kritzeleien gebeugt da. Es fiel ihm fast nichts mehr ein. Er versuchte, sich die Melodie ins Gedächtnis zurückzurufen, doch in seiner Konzentration wurde er von einer anderen Stimme, der beharrlichen inneren Stimme der Selbstrechtfertigung, gestört: Wozu auch immer es geführt hätte – zu Gewalt, zur Androhung von Gewalt, zu verlegenen Entschuldigungen oder gar zu einer Zeugenaussage vor der Polizei –, wenn er sich dem Paar genähert hätte, wäre ein entscheidender Augenblick in seiner Laufbahn ruiniert worden. Die Melodie hätte die seelische Erregung nicht überdauert. In Anbetracht des breiten Gebirgskamms und der zahllosen Pfade, die ihn kreuzten, hätte er gar nicht mit ihnen zusammentreffen müssen. Es war geradeso, als sei er überhaupt nicht da. Er war nicht da. Er war in seiner Musik. Sein Schicksal, ihr Schicksal, getrennte Wege. Es ging ihn nichts an. Dies hier ging ihn an, und es war mühselig, und er bat niemanden um Hilfe.

Endlich gelang es ihm, sich zu beruhigen, und er arbeitete sich von hinten vor. Hier waren die drei Töne des Vogelrufs, hier wurden sie umgekehrt für die Pikkoloflöte, und hier war der Anfang der ineinandergreifenden, sich ausweitenden Stufen …

Eine Stunde blieb er so über seine Komposition gebeugt. Schließlich steckte er das Notizbuch in die Tasche und lief, rasch ausschreitend, weiter. Dabei hielt er sich die ganze Zeit an die westliche Seite des Gebirgskamms und war bald zum Hochmoor abgestiegen. Um zum Hotel zu gelangen, brauchte er drei Stunden, und als er eben ankam, setzte der Regen wieder ein. Ein Grund mehr, seinen Aufenthalt vorzeitig zu beenden, seine Tasche zu packen und die Kellnerin darum zu bitten, ihm ein Taxi zu bestellen. Der Lake District hatte ihm geschenkt, was er brauchte. Im Zug konnte er weiterarbeiten, und wenn er zu Hause wäre, würde er die erhabene Tonfolge und die wunderbaren Harmonien, die er dazu ersonnen hatte, dem Klavier anvertrauen und ihre Schönheit und Trauer freisetzen.

Bestimmt geschah es aus schöpferischer Erregung, daß er, während er auf sein Taxi wartete, in der engen Hotelbar auf und ab ging und dann und wann den in seinem immergrünen Blattwerk kauernden ausgestopften Fuchs anstarrte. Aus innerer Erregung geschah es, daß er etliche Male auf die Straße hinaustrat, um zu sehen, ob sein Wagen angekommen war. Er sehnte sich danach, das Tal zu verlassen. Als man ihm die Ankunft seines Taxis mitteilte, hastete er hinaus, schleuderte seine Tasche auf den Rücksitz und wies den Fahrer an, sich zu beeilen. Er wollte fort, er sehnte sich danach, im Zug zu sitzen und südwärts zu rasen, weg von den Lakes. Es verlangte ihn wieder nach der Anonymität der Großstadt, der Beengtheit seines Ateliers, und bestimmt – er hatte gewissenhaft darüber nachgedacht – war es innere Erregung und nicht Beschämung, was ihm dieses Gefühl eingab.

URS WIDMER

Das Buch des Vaters

Mein Vater war ein großer Bub, als er – nicht zum ersten Mal, aber zum ersten Mal allein – den Weg von seinem Haus in der Stadt in das Dorf ging, aus dem sein Vater und seine Mutter stammten. Sein eigentliches Ziel war die Kirche des Dorfs, die die Schwarze Kapelle hieß, obwohl sie, außen wenigstens, eher weiß war und einen mächtigen Turm, ein Längs- und ein kleines, wie angedeutetes Querschiff hatte. Das Dorf und die Kirche der Ahnen lagen in den Hügelbergen, einen Tagesmarsch entfernt. Das Haus in der Stadt stand im sogenannten Sumpf, einem keineswegs sumpfigen Viertel am Ende des Seebeckens voller kleiner, schmaler Reihenhäuser. Auch das Kindheitshaus meines Vaters war eng. Aber es hatte leuchtende Fenster mit grünen Läden und stand zwischen heiteren Häusern eingeklemmt. Mein Vater brach frühmorgens auf, die Sonne im Rücken. Er wußte, er mußte den gleichen Weg wie sie gehen, und gleich schnell. Es war sein Geburtstag, sein zwölfter, und er trug die rituellen Gewänder, die seit langem für seinen Weg bereitlagen. Feste Schuhe mit Nagelsohlen, eine schwarze Hose, ein Wams, ein weißes Hemd. Ein Hut wie für einen Handwerksburschen, der ihn älter machte, als er war. Ein Ledersack, in dem ein Brot, ein Käse und eine Flasche Most lagen, auch sie eine Wegzehrung von alters her. Der Sack war der, den auch sein Vater getragen hatte, bei *seinem* Weg zur Kapelle, der bei ihm allerdings nur quer über den Kirchplatz geführt hatte; und vermutlich hatte auch der Vater des Vaters ihn umgehängt gehabt. Der Himmel strahlte blau, und die Sonne lockte jede mögliche Farbe aus den verwaschenen Hausmauern. Gelb, sienarot, olivgrün. Schatten tanzten unter Bäumen. Eine sanfte Luft. Karl winkte seinen Eltern zu, die beide vor der Haustür standen und die Arme hoben, und hüpfte dann hinter einem Karren her, der von einem Pferd gezogen wurde und mit blau schimmernden Eisklötzen beladen war. Schmelzwasser sprühte auf seine Schuhe, ohne daß die Eisblöcke kleiner wurden. Ein Gemüsehändler legte Tomaten und Salate auf einem langen Tisch zurecht. Er rief Karl einen Gruß zu. Der lachte, hüpfte weiter. Er kam an der Brauerei vorbei, an der Maschinenfabrik, deren Hallen alle aus dem gleichen Backstein gebaut waren und deren Hauptgebäude einem Schloß glich. Bald war er beim Stadtgraben und den Schanzen, wo ein Liebespaar Hand in Hand ging und Gärtner ihre Rosen begossen. Hinter dem alten Zoll – ein Gasthaus hieß so, unter blühenden Kastanienbäumen tranken zwei Männer ihren Frühschoppen – fing der Wald an, und schon trabte der Vater zwischen Buchen und Eichen, die so leuchteten, daß ihr Grün auf dem Schwarz des Wamses tanzte. Vögel riefen, auch ein früher Kuckuck. Karl sang wie er, auch wie die andern Sänger, und erhielt immer eine Antwort. Er juchzte. Er schnitt sich einen Haselstecken zurecht und hieb gegen Ginster und Holunderbüsche. Aus einem flog ein dicker Vogel auf, schwer davonflatternd. Der Weg stieg nun an, sanft, in weiten Kurven den Hügel hinauf. Es gab bald auch Tannen, die dunkler waren und da, wo sie in Gruppen standen, die Sonne daran hinderten, bis zum Boden herab zu scheinen. Unter ihnen ein Teppich aus braunen Nadeln. Harz duftete. Karl trat mit den Füßen einen Pinienzapfen vor sich her, bis der zwischen Brennesseln verschwand. Weit vorn sprang ein Reh. Karl schwitzte jetzt, der Weg war steil geworden, und die Sonne stand senkrecht über ihm. Die Buchen blieben zurück, die Eichen auch, Tannen jetzt fast nur noch, mächtigere, die den Himmel mehr und mehr verbargen. Der Weg wurde zu einem Pfad, auf dem hohe Halme wuchsen, Brombeerranken, die sich im Wams und in den Hosen verhakten. Ein Dorn zerkratzte Karls Hand, aber der kümmerte sich nicht um das bißchen Blut, pfiff ein Lied, denn er war sicher, daß er auf dem Pfad war, den er mit seinem Vater im Jahr zuvor gegangen war. »Da, präg dir den krummen Baum da ein, den Moosfelsen, nächstes Jahr wirst du den Weg allein gehen müssen.« Am Fuß des Felsens war so etwas wie ein kleiner Steinbruch voller glitzernder Kiesel, von denen Karl ein paar Handvoll in die Tasche steckte. Er kam zu den ersten Schneeflecken, aus denen blasse Soldanellen wuchsen und Schmelzwasser floß. Seine Schuhe knirschten im Harsch und hinterließen schmutzige Spuren. Steine voller Flechten. Krokusse. Schmetterlinge gaukelten, Motten eher. Die Sonne hatte den Vater überholt und schien ihm ins Gesicht. Es war kälter geworden. Der Vater setzte sich auf einen Baumstrunk – ringsum dunkle Wipfel – und holte das Brot, den Käse und den Most aus dem Ledersack. Aß. Vögel, Bergfinken vielleicht, pickten die Brosamen auf. Karl warf ihnen die Reste des Käses hin und sprang auf. Die Sonne hatte nun einen Vorsprung und hing schräg vor ihm am Himmel. Er ging hinter ihr her, so schnell er nur konnte. Immer mehr uralte Arven, in denen reglose Vögel saßen. Greifen vielleicht, Geier. Düstereres Licht. Immerhin, der Weg war zu sehen, auch wenn ihn hier nur noch solche wie Karl gingen, denn frühere Heimgänger – auch sie schon aus der Stadt kommend, auch sie an ihrem zwölften Geburtstag – hatten da oder dort jene Glimmersteine fallen lassen, die nun auch Karl vor sich hin warf. Sie spiegelten noch das geringste Sonnenlicht und wiesen den Weg. Allerdings schoben sich jetzt Wolken vor die Sonne. Wind kam auf und schüttelte die Äste. Und schon spürte Karl die ersten Tropfen eines Regens, der gleich darauf auf ihn niederstürzte, als wolle er ihn ertränken. Es war finster geworden. Blitze schlugen ein, links, rechts, ließen für Sekunden die Wegmarkensteine aufglühen. Donner krachte. Hagelkörner auch bald, die um Karl herum tanzten. Zum Glück hatte dieser den Rat seines Vaters im Ohr, der ihm eingeschärft hatte: »Hagel, wenn der Hagel kommt – und er kommt immer –, dann zieh das Wams aus, und leg es wie ein Kissen unter den Hut. Du wirst frieren. Du wirst frieren wie noch nie. Aber das Eis, das vom Himmel stürzt, kann dir nichts anhaben.« Mein Vater band also das Wams wie einen Turban um den Schädel, setzte den Hut obendrauf, und tatsächlich fror er sofort. Seine Zähne schlugen gegeneinander. Das Hemd war im Nu klatschnaß und klebte auf seiner Haut. Gefror, wurde steif. Hagelkörner schlugen auf seinem Kopf auf und sprangen neben ihm zu Boden. Er schlug die Arme gegen die Schultern und wich den Blitzen mit Sprüngen aus. Er rannte jetzt. War er auf dem rechten Weg? Er beschwor alle Geister, ihn richtig gehen zu lassen, auch ohne Sonne, denn ohne ihr Licht blinkten die Steine nicht mehr – die Blitze verwirrten ihn, halfen ihm nicht –, und er konnte genausogut jenem Tobel wie dieser Felsluke entgegenrennen. Einmal, mit einem Fuß in einem Sumpfloch steckend und dem andern in Lianen verheddert, rief er um Hilfe, »Hilfe!«, mit einer ganz kleinen Stimme, in einem Getöse, das auch kräftigere Rufe übertönt hätte. Und doch ließ kaum eine Minute später der Regen nach und versiegte. Die Blitze leuchteten noch zwei drei Mal in der Ferne, und der Donner rollte davon, bis er nur noch ein fernes Poltern war. Der Himmel riß nochmals auf. Ein fahles Leuchten. Karl ging nun dem Bach entlang, der vom Dorf her kam, auf einem Pfad, der zum Bach hin ein Geländer hatte. Das Wasser toste und tobte; aber nun kannte er sich wieder aus. Als er um einen weißen Kalkfelsen trat – er wuchs aus dem schier schwarzen Weideboden heraus und glich der Hand eines Riesen mit vier Fingern, die in den Himmel griffen –, sah er das Dorf. Die Stadel, die auf Steinpilzen standen, und die Häuser, alle aus uraltem Holz und mit winzigen Fenstern wie Schießscharten. Die Sonne hing tief hinter ihren Schattenrissen. Karl atmete ein und aus. Er hatte es geschafft! Er war doch nicht langsamer als die Sonne gewesen, nicht viel langsamer jedenfalls. Er winkte ihr zu, und sie versank so schnell hinter den Dächern, als risse sie jemand in den Abgrund. Ihr letzter Strahl, von tief unten her, ließ für einen kurzen Augenblick den Turmhahn der Kirche aufleuchten, der über die Giebel eines näheren Hauses lugte. Karl ging in seine Richtung – wo der Hahn war, mußte auch die Kirche sein –, durch eine Gasse, die zwar sorgsam mit runden Steinen gepflastert war, dennoch aber schräg und quer und auf und nieder führte. Wie eine erstarrte Welle. Zwischen den Häusern wuchsen Brennesseln, und Tümpel mitten auf dem Weg verströmten einen ätzenden Geruch. Pisse, Maultierpisse. Karl sprang von einer trockenen Stelle zur andern und trat doch mehr als einmal in die stinkende Brühe. Endlich, mit verschmierten Schuhen, kam er zum Kirchplatz. Die Sonne war weg, aber der Himmel warf ein letztes Licht auf die burghohen Häuser, die im Halbrund standen und, wie jetzt auch Karl, über das steil abfallende Kopfsteinpflaster auf den Gasthof und die Kirche hinabsahen, die weit unten wie auf einer Bühne standen, die Kirche an ihrem rechten und der Gasthof an ihrem linken Ende. Dort waren auch die Maultiere, an Pflöcke und Holzstangen gebunden, die Köpfe in Futtersäcken. Sofort sah Karl auch die Särge. Er hatte, genau wie von den Maultieren, von ihnen gewußt und erschrak also nicht, beinah gar nicht, als er die ersten vor einem der Häuser liegen sah. Drei menschenlange Kisten, nebeneinander. Er blickte von Haus zu Haus. Vor jedem, jedem!, lagen solche Särge, die meisten aus altem, verwittertem Holz, einige aber auch hell und frisch gehobelt. Sie standen – hier fünf oder zehn, dort gerade zwei – sorgsam übereinandergestapelt, in Reih und Glied. Vor dem einen oder andern Haus aber – dem, vor dem Karl stand, zum Beispiel, es hatte eine windschiefe Tür und mit Schindeln abgedichtete Fenster ohne Gläser – waren die Särge achtlos übereinandergeworfen. »Mit den Särgen ist es wie mit den Miststökken im Emmental«, hatte Karls Vater gesagt. »Du siehst den Stapel, und du weißt, wes Geistes Kind die Bewohner sind.« Er zum Beispiel hätte nie eine Frau geheiratet, die aus einem Haus mit nachlässig gestapelten Särgen gekommen wäre. – Jeder im Dorf kriegte bei seiner Geburt einen Sarg, in den er dann, wenn seine Zeit gekommen war, gelegt wurde. Bis dahin wartete der Sarg vor dem Haus. Jeder hatte seinen Sarg, jede ihren. Dörfler und Dörflerinnen ohne Sarg gab es nicht. Natürlich hatte auch Karl den seinen bekommen. Er sah ihn in der Mitte des Stapels vor dem Gasthaus stecken, einem regelrechten Sarggebirge, eine gehobelte Kiste aus einem fast roten Holz, das inzwischen so farblos wie alle andern Sarghölzer geworden war. Der Wirt des Gasthauses, der in einer Ecke des Schankraums auch die Dorfpost betrieb, war sein Onkel. Der Bruder seines Vaters. Mit ihm und seinem Haus waren so viele verbunden, daß die Särge das Haus wie eine Mauer umstellten. Bei dem Onkel wohnten unzählige Großtanten, Vettern oder Kusinen dritten Grades. Sie allein beanspruchten ein Dutzend oder mehr Särge. Dazu kamen die vielen, die – wie Karls Eltern – in die Stadt oder nach Amerika ausgewandert waren und alle auch längst Kinder und Kindeskinder hatten. Manche auch – Verwandte mit einem eigenen Haus hatten sie nicht mehr, aber am Dorf hielten sie auch in der Ferne fest – sahen im Onkel eine Art Vater für alle und seinen Gasthof als ihr Haus in der Heimat, und natürlich achtete der Onkel auch auf ihre Särge. Er wußte, der da gehört dem John, der der Elianor, auch wenn er sie noch nie gesehen hatte. (Es kann gar sein, daß der eine oder andere Stammgast, obwohl nicht Bürger des Dorfs, von seiner Herzensgüte profitiert und einen Sarg ergattert hatte.) –

Jetzt schien der Gasthof geschlossen zu sein. Kein Mensch, keine Seele weit und breit – wo waren sie alle? –, und als jetzt auch noch das letzte Himmelslicht verschwand, konnte Karl auch die eigenen Füße nicht mehr sehen, oder die Hand vor den Augen. Tiefste Nacht. Einzig am Tor der Kirche leuchtete ein Windlicht. Als folge er einem Befehl, ging mein Vater darauf zu.

Sex, Tod, Pilze

Es regnet heftig, und die Luft im Wald riecht süß und weinig nach Verfall. Ich mache einen Spaziergang mit Nick, einem alten Freund und ehemaligen Promotionsberater, emeritierter Professor der Wissenschaftsgeschichte und Hobby-Pilzforscher. Seit fünfzehn Jahren schon begleite ich ihn im Herbst immer auf der Pilzsuche; heute versuchen wir unser Glück im Thetford Forest in Suffolk. Wir haben Gartenkörbe bei uns, traditionell englisch aus Weiden- und Edelkastanienholz geflochten, um unsere Schätze verstauen zu können: vielleicht winzige Pilze mit haarfeinen Stielen, klobige Schelfe, vom Stamm verrottender Bäume gebrochen, Gebilde, die an weggeworfene runde Kissen erinnern, oder vielleicht auch Tintenfischpilze, die sich mit ihren scharlachroten Tentakeln aus dem Boden grätschen.

Die Pilzsuche kann sich überraschenderweise wie die Jagd auf Tiere gestalten, vor allem wenn man es auf essbare Spezies abgesehen hat. Es ist schon vorgekommen, dass ich auf der Suche nach Pfifferlingen unbewusst auf Zehenspitzen über bemooste Baumstümpfe geschlichen bin, als könnten sie mich sonst kommen hören. Man findet sie einfach nicht, wenn man herumläuft und direkt nach ihnen Ausschau hält. Die Pilze verfügen über die unheimliche Fähigkeit, sich vor dem suchenden Auge verstecken zu können. Statt also zu suchen, muss man den Boden um sich herum ganz anders betrachten, sich beispielsweise mit der seltsamen Phänomenologie des Laubes beschäftigen und versuchen, allen Farben, Formen und Winkeln auf dem unordentlichen Waldboden die gleiche Aufmerksamkeit zu schenken. Hat man sich diesen entspannten und leicht räuberischen Blick dann zu eigen gemacht, schießen plötzlich überall leuchtend wachsgelbe Pfifferlinge hinter Blättern, Zweigen und Moos hervor und unterscheiden sich auf einmal deutlichst von den Falschen Pfifferlingen, die neben ihnen gedeihen. Mit genügend Erfahrung, so Nick, »kann man zumindest die bekannteren Arten zuverlässig identifizieren, auch wenn sie eine erstaunliche Vielfalt aufweisen und man nicht sagen könnte, woran genau man sie erkannt hat«. Nick ist seit seiner Jugend ein begeisterter Mykologe und hat die Namen von mindestens mehreren Hundert Pilzarten im Kopf.

Was wir gemeinhin unter Pilzen verstehen, sind die Fruchtkörper der Organismen, die Netzwerke namens Myzelien bilden. Diese Netzwerke setzen sich aus einer Vielzahl ungeheuer feiner, sich verästelnder Fäden zusammen. Manche Pilze sind Parasiten, andere ernähren sich von verrottendem pflanzlichem oder tierischem Material, und viele sind Mykorrhizapilze: Sie wachsen in und um Pflanzenwurzeln und teilen sich die Nährstoffe mit ihrem Wirt. Einen Pilz zu ernten tötet ihn nicht; in gewissem Sinne pflückt man damit nur eine Blume aus einem verborgenen Fadengewirr, das riesig und erstaunlich alt sein kann. Von einem Hallimasch in Oregon beispielsweise ist bekannt, dass er sich über eine Fläche von mehr als zehn Quadratkilometern erstreckt, außerdem soll er fast zweieinhalbtausend Jahre alt sein.

Schon bald stoßen Nick und ich auf zig Pilze, die in unregelmäßigen Halbkreisen wachsen und deren breite, abkühlendem milchigem Kaffee ähnelnde Kappen ganz plötzlich zwischen toten Blättern auftauchen. Es sind Nebelkappen, eine hier weitverbreitete Art, die allerdings als ziemlich giftig gilt. Wir lassen sie stehen und gehen weiter. Etwas später erspäht Nick ein gelbliches Glänzen im hohen Gras. Das ist schon interessanter. Er hockt sich neben den Pilz, runzelt die Stirn, schiebt Daumen und Zeigefinger unter das Exemplar und zieht es sanft aus Moos und Gras. »*Tricholoma*«, sagt er mit einiger Befriedigung, »*Tricholoma sulphureum.*« Mykologen verwenden im Allgemeinen die wissenschaftlichen Namen, wenn sie über Pilze sprechen, da die Trivialnamen meist stark variieren. Der Pilz, den Nick in der Hand hat, ist volkstümlich als Gemeiner Schwefel-Ritterling oder auch als Schwefelgelber Ritterling bekannt. Er hält ihn mir hin, ich soll daran riechen. Ein unangenehm stechender Schwefelgeruch steigt mir in die Nase, die ich auch sogleich rümpfe. Nick legt den Pilz in den Korb.

Ich bin nicht besonders gut im Pilzebestimmen, aber wenigstens besser als früher. Mit den Jahren habe ich nicht nur gelernt, einige Arten anhand ihres Aussehens oder ihres Geruchs zu erkennen – bei manchen verfärbt sich auch die Schnittfläche charakteristisch –, ich bin auch immer faszinierter davon, welchen sonderbaren Platz sie in unserer Fantasie einnehmen. Seit Jahrtausenden sucht und isst der

Mensch Pilze, und noch immer haben sie die Macht, uns zu verstören, die tiefsten menschlichen Mysterien von Sex und Tod heraufzubeschwören. Besonders schockiert waren die zarten Gemüter des neunzehnten Jahrhunderts von der Gemeinen Stinkmorchel, einer – der Name lässt es vermuten – übel riechenden, Fliegen anlockenden Spezies, die aus einer eiförmigen Knolle, dem sogenannten Hexenei, herausbricht und eine Gestalt annimmt, die durch ihren wissenschaftlichen Namen *Phallus impudicus* recht anschaulich beschrieben wird. Von Charles Darwins Tochter Henrietta weiß man – aus den Memoiren ihrer Nichte –, dass sie in ihren reiferen Jahren regelmäßig in den Wald ging, um Stinkmorcheln zu sammeln – zu dem ausdrücklichen Zweck, sie zu Hause »bei verschlossener Tür in der tiefsten Verschwiegenheit des Salonkaminfeuers zu verbrennen, der Moral der Dienstmädchen wegen«. Unsere fortwährenden Pietäten im Zusammenhang mit Sex spiegeln sich in der Art und Weise wider, in der manche moderne Bestimmungsbücher den markanten Geruch von Pilzen wie den Risspilzen beschreiben: als »unaussprechlich« oder »ekelerregend«, und nicht als – korrekter – »spermaartig«.

Das unvorhersagbare Aufblühen wunderschöner, extrem fremder Formen aus morschem Holz, aus Mist oder aus Laub in einem Wald, der sich auf den Winter zubewegt, beschwört auch auf das Heftigste und Merkwürdigste das Leben im Tod herauf. In der baltischen Mythologie sind Pilze die Finger des Totengottes, die aus dem Erdreich herausragen, um die Armen zu speisen. Doch haben Pilze einen direkteren Bezug zur Sterblichkeit. Denn natürlich sind viele von ihnen tödlich. Man kann den Genuss eines

Grünen Knollenblätterpilzes zwar überleben, aber wahrscheinlich nur mithilfe einer Lebertransplantation. Zudem ist die jeweilige Giftigkeit von Pilzen ebenso rätselhaft wie ihre spezifischen Formen. In einem Pilz kann mehr als eine Art von Giftstoff enthalten sein, und seine giftige Wirkung kann variieren, je nachdem, ob er gegart wurde, wie er gegart wurde, ob er mit Alkohol verzehrt oder ob er vor dem Verzehr vergoren wurde. Mykologen sprechen über giftige Pilze wie Herpetologen über giftige Schlangen: mit mehr als nur einem Funken bizarrer Begeisterung.

Wer Pilze sammelt, um sie anschließend zu essen, braucht schon eine gewisse Bestimmungskompetenz, wenn das Unterfangen nicht tödlich oder in ernsthafter Krankheit enden soll. Das Pilzesammeln hat also durchaus etwas Wagemutiges, etwas von wiederholt sein Leben aufs Spiel Setzen, im Angesicht fürchterlicher Möglichkeiten. Der heutige Trend, auf wild wachsende Nahrungsmittel zurückzugreifen, der teilweise berühmten Küchenchefs, die in freier Wildbahn unterwegs sind, geschuldet ist und teilweise dem nostalgischen Wunsch, sich wieder mehr mit der Natur zu verbinden, hat einige beliebte Bestimmungsbücher hervorgebracht, in denen verschiedene essbare und giftige Pilzarten vorgestellt werden. Nicks Meinung nach sind viele dieser Bücher verantwortungslos, wenn nicht gar gefährlich. »Man findet in ihnen bei Weitem nicht alles, worauf man stoßen könnte«, warnt er. Viele giftige Pilze sehen essbaren verblüffend ähnlich, und sie voneinander zu unterscheiden erfordert eine sorgfältige Untersuchung, entschlossene Hartnäckigkeit und häufig sogar die Analyse eingefärbter Sporen unter dem Mikroskop.

Knifflige Exemplare zu enträtseln ist an sich schon ausgesprochen befriedigend. Wenn man Nick am Abend nach einer Pilzexpedition besucht, findet man ihn an einem Tisch, auf dem Pilze, mehrere erschreckend teure Bände zur Pilzbestimmung, ein Mikroskop und eine Lupe ausgebreitet sind, und ihn selbst mit dem Gesichtsausdruck höchster Konzentration und Freude. »Manche Arten weisen eine unglaubliche Farbvariabilität auf«, kommt er über die Täublinge ins Schwärmen. »Ihre Farbe kann vom Regen ausgewaschen werden, dann muss man alternativ die exakte Verteilung der Warzen auf ihren Sporen heranziehen. Als Normalbürger hat man da keine Chance. Die Farben führen zu nichts, und das Mikroskop ist meist auch nicht vergrößerungsfähig genug.« Pilze zwingen uns dazu, die Grenzen unseres Verstehens anzuerkennen: Nicht alles fügt sich geschmeidig in unsere Klassifikationssysteme. Vielleicht, so stellt es sich heraus, ist die Welt zu komplex, als dass wir sie jemals ganz verstehen könnten.

Nach ein paar Stunden lässt der Regen allmählich nach. Wir sind durchnässt, waren aber sehr erfolgreich. Nicks Korb ist voller kleiner, schwer zu identifizierender und giftiger Spezies. In meinem stapeln sich essbare Pilze, darunter mehrere Rote Heringstäublinge, deren glänzende Kappen farblich an kandierte Äpfel erinnern. Wir machen uns durch ein dichtes Kiefernwäldchen auf den Weg zurück zum Auto. Die Luft ist feucht und dunkel hier drin. Zwischen den abblätternden Stämmen der Bäume ist Spinnenseide straff gespannt; ich kann sie an meiner Brust reißen spüren. Fette Gartenkreuzspinnen fallen von meiner Jacke auf den dicken Kiefernnadelteppich unter meinen Füßen.

Ich will gerade auf den Weg zurücktreten, als etwas unter einem Baum in einigen Metern Entfernung meine Aufmerksamkeit erregt. Ich weiß sofort, was es ist, obwohl ich es nur aus Büchern kenne. »Eine Krause Glucke!«, rufe ich und laufe darauf zu. Der blasse, durchscheinende, fleischige Auswuchs in der Größe eines Fußballs scheint im tropfenden Schatten zu leuchten, die verworrenen Falten des Pilzes wirken wie eine enervierende Kreuzung aus gekochten Kutteln und Salzwasserschwamm. Plötzlich fällt mir auch der lateinische Name der Krausen Glucke oder Fetten Henne ein – *Sparassis crispa* –, dass sie parasitisch auf Nadelbäumen lebt und dass sie köstlich duftet und schmeckt, wenn man sie zerzupft und in Brühe simmern lässt. Ich hocke mich auf den nassen Waldboden, um sie mir näher anzusehen.

Wir sind visuelle Wesen. Für uns bestehen Wälder aus Bäumen und Blättern und Erde. Doch überall um mich herum gibt es ein unsichtbares, ubiquitäres Netzwerk pilzlichen Lebens, Millionen zarter Fäden, die sich von Baum zu Baum erstrecken, sich um Haufen von Kaninchenlosung herum ansammeln, Strauch und Weg, tote Blätter und lebende Wurzeln aneinanderheften. Wir wissen kaum, dass sie da sind, bis wir die Fruchtkörper sehen, die hervorsprießen, wenn die Bedingungen stimmen. Ohne den unablässigen Wasser-, Nährstoff- und Mineralienkreislauf der Pilze aber würde der Wald nicht so funktionieren, wie er funktioniert. Für mich besteht das vielleicht größte Mysterium der Pilze darin, dass sie die sichtbaren Erscheinungsformen einer lebenswichtigen und doch unbeachteten Welt sind. Ich strecke die Hand aus, breche die Hälfte des spröden, gefältelten Pilzes ab und lege sie in meinen Korb – voller Vorfreude darauf, dieses Souvenir von einem Ort zu kosten, der von Leben, das uns verborgen bleibt, nur so wimmelt.

Flâneuserie

Eines der berühmtesten Bilder einer spazieren gehenden Frau zeigt eine Szene, über deren Bedeutung Uneinigkeit herrscht.

Eine junge Frau geht eine Straße in Florenz entlang, sie hält ihr Schultertuch vor der Brust zusammen. Um sie herum stehen vierzehn Männer. Mindestens acht davon sehen sie an. Ein Mann steht ihr im Weg, die Hände in den Taschen. Ein anderer Mann rechts von ihr verzieht das Gesicht und scheint sich in den Schritt zu greifen. Sie ist mitten in der Bewegung, und auf ihrem Gesicht liegt ein Ausdruck, der aussieht wie Besorgnis oder Angst. Die Energie der Komposition – die Biegung der Straße, das Gewicht ihres Körpers in der Vorwärtsbewegung, der Rock, der ihr um die Beine schwingt – signalisieren Bewegung, und es scheint, als würde sie sich bereit machen, dem Mann auszuweichen, der stocksteif vor ihr steht.

Es ist eigentlich zu einfach. Ein Augenblick sexueller Belästigung auf der Straße, Mitte des letzten Jahrhunderts. Seht nur, was Frauen erwartet, wenn sie es wagen, in der Öffentlichkeit spazieren zu gehen!

Aber so hat es die Frau auf dem Foto nicht erlebt. 2011, als das Foto sechzig Jahre alt wurde, sagte sie in einem Interview für die *Today Show* auf NBC: »Es ist kein Bild einer

Belästigung. Es steht für eine Frau, der es absolut blendend geht!« Denn wie sich herausstellt, war die Frau – die eigentlich Ninalee Craig heißt, sich damals aber Jinx Allen nannte und später einen venezianischen Grafen heiratete – Amerikanerin, dreiundzwanzig Jahre alt, und reiste auf eigene Faust durch Frankreich, Spanien und Italien. Die Fotografin, Ruth Orkin, war ebenfalls Amerikanerin in ihren Zwanzigern, reiste allein durch die Welt, lebte von der Hand in den Mund und genoss diese Lebensweise jede Sekunde. Das Foto entstand an einem Tag, an dem sie mit der Kamera in der Stadt »herumblödelten« und Orkin Jinx dabei fotografierte, wie sie sich Sehenswürdigkeiten ansah, Fragen stellte, um Preise feilschte und in Cafés flirtete. Der Schal war ein leuchtend orangefarbener mexikanischer Rebozo. Das Kleid war eine Hommage an Christian Diors New Look, und die Handtasche war ein Futterbeutel für Pferde. Für Craig und Orkin geht es in dem Bild um Unabhängigkeit und Inspiration, um das Spiel mit Codes, mit Kleidung und den Erwartungen daran, wie eine Frau zu sein und sich zu verhalten hat.

Die Frau auf der Straße ist sicherlich eine instabile Figur, wie die Hase-Ente-Zeichnung, die einen Beleg für die inhärente Ambiguität unserer Wahrnehmung darstellt. Ist sie eine unbeschwerte *Flâneuse* oder Objekt der Männerblicke? Ist sie Hase oder Ente? Die interessantere Lesart liegt irgendwo dazwischen, im Bereich der Reibung und Spannung, in dem unser Widerstand auf die Erwartungen der Menschen trifft. Dass das Foto einen solchen Kultstatus erlangt hat und Wände von College-Wohnheimen bis Pizzerien ziert, verrät etwas über die Kraft der Spannung, die hier entsteht. Das Herumblödeln, die Albernheit, der Spaß, von dem Craig und Orkin sprechen, das alles zeigt uns, dass uns der Raum für Neugestaltung offen steht.

Räume sind nicht neutral. Räume sind ein feministisches Thema. Der Raum, den wir einnehmen – hier, in der Stadt –, wird fortwährend umgestaltet und aufgehoben, konstruiert und bestaunt. »Raum ist Zweifel«, schrieb Georges Perec. »Ich muss sie ständig markieren, muss sie zuweisen. Sie gehören nie mir, wurden mir nie überlassen, ich muss sie erobern.«

Von Teheran bis New York, von Melbourne bis Mumbai können sich Frauen noch immer nicht auf dieselbe Art in der Stadt bewegen, wie es Männern möglich ist.

Städte bestehen aus unsichtbaren Grenzen, immateriellen Zollschranken, die festlegen, wer wohin geht: Bestimmte Viertel, Bars und Restaurants, Parks, alle Arten augenscheinlich öffentlicher Räume sind für verschiedene Gruppen von Menschen reserviert. Wir haben uns so daran gewöhnt, dass wir die Werte, die diesen Unterteilungen zugrunde liegen, kaum noch wahrnehmen. Sie mögen unsichtbar sein, und doch bestimmen sie, wie wir uns innerhalb der Stadt bewegen.

Sie bestehen zwischen Häusern. Auf beiden Seiten der Wände. Um Zäune und Geländer herum, auf Treppenstufen, an Ampeln, Verkehrsschildern, Pollern.

Sie manifestieren sich in unterirdischen Zügen und oberirdischen Einkaufswagen, gleiten über und durch die Erde, werden an Stromkabel geschirrt und auf den Boden geholt. Sie leben in den feindlichen Räumen schmaler Gassen, Sackgassen, Seitenstraßen und Innenhöfe.

Sie nehmen Raum ein. Räume innerhalb der Räume, Raumgattungen, Räume, in denen die Macht der sozialen Konvention so konkret enthalten ist wie ein Stoppschild:

Privatpark: Nicht betreten, wenn man keinen Schlüssel hat. Definitiv nicht über den Zaun klettern. Hausfriedensbruch.

Öffentlicher Park: Nicht abends oder nachts betreten. Park wird nach Einbruch der Dämmerung geschlossen.

Öffentlicher Park: bevölkert von Obdachlosen, die sehr überrascht wären, wenn man sich neben sie auf ihre Schlafbank setzte. Es sei denn, man ist selbst obdachlos. In dem Fall säße man auf der eigenen Schlafbank.

Platz. *Place. Piazza. City Plaza.* Wie man einen Platz benutzt, hängt davon ab, wer man ist, stellte die Ethnografin Nadja Monnet bei einer Untersuchung der Plaça de Catalunya in Barcelona fest. Obwohl die *plaça* eine der berühmtesten Sehenswürdigkeiten der Stadt ist, meiden die Einheimischen sie und treffen sich lieber in den umliegenden Bars. Monnet sprach mit einer Touristin, die sich unwohl fühlte, als sie auf der *plaça* saß – ein Unbehagen, das Monnet teilte. »Es ist wirklich kein guter Ort, um sich mit jemandem zu treffen. Man weiß nicht, wo man sich hinstellen soll. Wartet man in der Mitte des Platzes, kommt man sich blöd vor. Man fühlt sich exponiert.« Monnet erkannte bald, dass auch unter den Einheimischen weniger Frauen als Männer den Platz nutzten, »allerdings gab es Spitzenzeiten weiblicher Besuche, etwa gegen Schulschluss und zur Feierabendzeit«. Frauen sitzen selten allein auf den Bänken, »und wenn sie es doch tun, bleiben sie nicht lange«.

Virginia Woolfs Essay »Stadtbummel: Ein Londoner

Abenteuer« von 1927 ist der Versuch, einen nicht geschlechtlich zugewiesenen Raum in der Stadt einzufordern, indem man darüber läuft. Draußen auf der Straße werden wir zu Beobachtungseinheiten, werden Teil einer »großen republikanischen Armee anonymer Wanderer«. Ob wir nun der androgyne Blick sein wollen, der die Stadt erfasst, oder ein Körper, der Verlangen weckt, oder eine der Myriaden von Möglichkeiten dazwischen, Woolf sagt uns, dass wir uns in die Welt der Stadt integrieren können, indem wir sensibel für die Verschiebungen in der Aufmerksamkeitslandschaft werden. Nur wenn wir uns dieser unsichtbaren Grenzen bewusst werden, können wir sie überschreiten. Eine weibliche *Flânerie,* eine *Flâneuserie,* verändert nicht nur die Art, wie wir uns im Raum bewegen, sondern greift in die Struktur des Raums selbst ein. Wir fordern unser Recht ein, den Frieden zu stören, zu beobachten (oder nicht zu beobachten) und auf unsere Weise Raum einzunehmen (oder nicht einzunehmen) und zu strukturieren (oder zu destrukturieren).

Nachweis

Der Verlag dankt folgenden Rechteinhaber:innen für die Genehmigung zum Abdruck:

Hessel, Franz (1880, Stettin–1941, Sanary-sur-Mer)
Der Verdächtige. Aus: ders., *Spazieren in Berlin.* Erschienen im Verlag für Berlin-Brandenburg, Berlin.

Kafka, Franz (1883, Prag–1924, Kierling)
Der plötzliche Spaziergang. Erschienen in: Jürg Amann und Winfried Stephan (Hrsg.), *Das Franz Kafka Lesebuch.* Diogenes Verlag AG Zürich, 2008.

Kagge, Erling (* 1963, Oslo)
Gehen. Weiter gehen. Auszug aus der gleichnamigen Ausgabe. Copyright © 2018 Kagge Forlag AS. Copyright der deutschsprachigen Ausgabe © Insel Verlag Berlin 2018. Aus dem Norwegischen von Ulrich Sonnenberg.

Macdonald, Helen (* 1970, Chertsey)
Sex, Tod, Pilze. Aus: dies., *Abendflüge.* Copyright © 2021 Carl Hanser Verlag GmbH & Co. KG, München, mit freundlicher Genehmigung. Aus dem Englischen von Ulrike Kretschmer.

Mansfield, Katherine (1888, Wellington–1923, Fontainebleau)
Die Fortschrittliche Dame. Aus: dies., *Sämtliche Erzählungen in zwei Bänden.* Band I. Herausgegeben von Elisabeth Schnack. Erschienen bei Diogenes 2012. Copyright der deutschsprachigen Übersetzung © 1980 Büchergilde Gutenberg, Frankfurt am Main. Aus dem Englischen von Elisabeth Schnack.

McEwan, Ian (* 1948, Aldershot)
Wandern (Titel von den Herausgeberinnen). Auszug aus: ders., *Amsterdam.* Copyright © 1998 by Ian McEwan. Copyright der deutschsprachigen Ausgabe © 1999, 2001, Diogenes Verlag AG Zürich. Aus dem Englischen von Hans-Christian Oeser.

Nothomb, Amélie (* 1967, Kobe, Japan)
Der japanische Verlobte. Auszug aus dem gleichnamigen Roman. Copyright © 2007 by Éditions Albin Michel. Copyright der deutschsprachigen Ausgabe © 2010, 2012, Diogenes Verlag AG Zürich. Aus dem Französischen von Brigitte Große.

Diogenes ist einer der größten unabhängigen
Belletristikverlage Europas, mit internationalen
Bestsellerautorinnen und -autoren wie Donna Leon,
John Irving, Friedrich Dürrenmatt, Daniela Krien,
Benedict Wells, Doris Dörrie, Martin Walker,
Patricia Highsmith, Martin Suter, Patrick Süskind,
Ingrid Noll, Bernhard Schlink, Paulo Coelho,
Ian McEwan, Amélie Nothomb, Tomi Ungerer,
Katrine Engberg und Luca Ventura.
Daneben gehören eine umfassende Klassikersammlung,
Kunst- und Cartoonbände sowie
Kinderbücher zum Programm.

Entdecken Sie unser ganzes Programm auf
www.diogenes.ch oder schauen Sie hier vorbei:

Auf **diogenes.ch/newsletter** erfahren Sie zuerst von Neuerscheinungen und Neuigkeiten unserer Autorinnen und Autoren.

Oder schauen Sie hier vorbei:

»Der Diogenes Verlag will durch lesbare
Literatur unterhalten, durch Neues
vor den Kopf stoßen, aber auch Altes neu
entdecken; das ›Neue um des Neuen
willen‹ übersehen und so das Modische
vom Modernen unterscheiden. So viel
wirklich Neues kann es gar nicht geben.
Echte Avantgarde, sagt Karl Kraus, ist
nichts anderes als der mutige Rückschritt
zur Vernunft – und an das Neue, das
nur aussieht wie das Alte, muss man sich
erst gewöhnen.«

DANIEL KEEL

»Jede Art zu schreiben ist erlaubt –
nur die langweilige nicht.«

VOLTAIRE